Die Untersuchung der Nutzung des Piezoeffektes zur Ansteuerung fluidtechnischer Ventile

Von der Fakultät für Maschinenwesen der
Rheinisch-Westfälischen Technischen Hochschule Aachen
zur Erlangung des akademischen Grades eines
Doktors der Ingenieurwissenschaften
genehmigte Dissertation

vorgelegt von
Niko Herakovič
aus Brežice, Slowenien

Referent: Univ.-Prof. em. Dr.-Ing. Dr. h.c. mult. W. Backé
Korreferent: Univ.-Prof. Dr.-Ing. H.-G. Reimerdes

Tag der mündlichen Prüfung: 21. Dezember 1995

"D 82 (Diss. RWTH Aachen)"

Die Deutsche Bibliothek - CIP-Einheitsaufnahme

Herakovič, Niko:
Die Untersuchung der Nutzung des Piezoeffektes zur Ansteuerung fluidtechnischer Ventile / Niko Herakovič. -
Aachen : Mainz, 1996
Zugl. : Aachen, Techn. Hochsch., Diss., 1995
ISBN 3-89653-041-0

1. Auflage 1996

Herstellung: Fotodruck Mainz GmbH
Süsterfeldstr. 83, 52072 Aachen
Tel. 0241/87 34 34

ISBN 3-89653-041-0
D 82 (Diss. RWTH Aachen)

Meinem Sohn Filip

Vorwort

Die vorliegende Arbeit entstand während meiner Tätigkeit am Institut für hydraulische und pneumatische Antriebe und Steuerungen der Rheinisch-Westfälischen Technischen Hochschule Aachen.

Meinem Doktorvater, dem emeritierten Leiter des Instituts, Herrn Professor Backé möchte ich für die vielen Anregungen und konstruktiven Gespräche danken, aber auch für die kreativen Freiräume, die mir von ihm gewährt wurden.

Herrn Professor Reimerdes danke ich für die freundliche Übernahme des Korreferates und die sorgfältige Durchsicht meiner Arbeit.

Ebenso gilt mein Dank Herrn Professor Murrenhoff, Leiter des IFAS, für seine Anregungen und Unterstützung.

Mein besonderer und herzlicher Dank gilt meinen Kollegen und der Institutsleitung, die zu einem angenehmen und motivierenden Arbeitsklima beigetragen haben. Stellvertretend für alle möchte ich besonders Herrn Marcus Geimer und Herrn Marcus Jarchow danken, die nicht nur mit mir das Büro teilten, sondern mir den Einstieg in das Arbeitsleben am Institut erleichterten und auch später stets mit Rat und Tat zur Seite standen.

Zu danken ist auch nichtwissenschaftlichen Mitarbeitern, die bei der Planung und dem Bau der Versuchsanlagen beteiligt waren. Mein Dank gilt besonders Herrn Günter Spieker für die Unterstützung und Hilfsbereitschaft.

Desweiteren gebührt mein Dank den mathematischen Assistentinnen und allen Studenten des Institutes. Hier möchte ich mich besonders bei Herrn Aleksandar Bach für die Hilfe und Unterstützung bedanken.

Mein ausdrücklicher Dank gilt Herrn Reiner Bindig, Fa. Hoechst CeramTec, für seine auserordentliche Verständnis und Unterstützung.

Abschließen möchte ich mit einem herzlichen Dank an Tjaša, die ein besonderes Verständnis für meine Arbeit gezeigt hat und mir all die Jahre mit Herz zur Seite stand. Und nicht zuletzt gilt mein Dank meiner Mama Ivanka und Branko, die mich immer unterstützt haben.

Aachen, im Januar 1996 Niko Herakovič

Kurzfassung

Die Genauigkeit und die Dynamik fluidtechnischer Ventile können durch den Einsatz neuer, alternativer Aktuatoren verbessert werden. Piezoelektrische Aktuatoren sind elektromechanische Wandler, die wegen ihrer dynamischen Fähigkeiten für die Betätigung hochdynamischer Ventile besonders geeignet sind. Da der Stellweg eines Piezoaktuators im *µm-Bereich* liegt, muß für eine direkte Ventilbetätigung der Stellweg vergrößert werden.

Eine direkte Betätigung und erhöhte Dynamik eines fluidtechnischen Ventils läßt sich mit dem Einsatz eines piezoelektrischen Hybridaktuators, der sich aus einem Piezotranslator und einem hydraulischen oder mechanischen Wegübersetzer zusammensetzt, realisieren. Es hat sich gezeigt, daß mit einem hydraulischen Wegübersetzer Stellwege über *1,5 mm* bei einer hohen Dynamik über *600 Hz* erreicht werden können. Dabei muß dem Aufbau und der Optimierung des Ventilkörpers, die Strömungskraftkompensation betreffend, große Aufmerksamkeit geschenkt werden.

Abstract

With the implementation of new, alternative actuators, the accuracy and the dynamics of fluid power valves can be improved. Piezoelectric actuators are electromechanical transformers, that are, due to their dynamic characteristics, very suitable for the actuating of high dynamical valves. As a piezoactuator offers very small extensions in the *µm-range*, the control stroke has to be enlarged, to be effectively used for a direct actuating of a valve.

A direct actuation and the increased dynamics of a fluid power valve can be realized with the implementation of a piezoelectric hybrid actuator, that consists of a piezotranslator and of a hydraulic or mechanical displacement transformer. Especially with a hydraulic displacement transformer control strokes over *1,5 mm* at a high dynamics over *600 Hz* can be realized. At the same time, to the optimization and the development of a valve body, especially the flow force compensation concerned, a large attention has to be paid.

Inhaltsverzeichnis

Verwendete Formelzeichen und Abkürzungen ... III

1 Einleitung ... 1

2 Stand der Ventiltechnik und Aufgabenstellung ... 3
2.1 Stetige direkt- und vorgesteuerte fluidtechnische Ventile ... 3
2.2 Aktuatoren - elektromechanische Wandler ... 6
2.2.1 Klassische Aktuatorbauarten für direktgesteuerte Ventile ... 7
2.2.2 Alternative Aktuatorbauarten für direktgesteuerte Ventile ... 8
2.2.3 Vergleich verschiedener Aktuatoren ... 11
2.3 Piezoaktorbetätigte Ventile ... 12
2.4 Aufgabenstellung ... 14

3 Piezoelektrische Aktuatoren ... 17
3.1 Piezoelektrische Werkstoffe ... 18
3.1.1 Der piezoelektrische Effekt ... 19
3.1.2 Analytische Beschreibung des Piezoeffektes ... 22
3.2 Bauformen der Piezoaktuatoren ... 26
3.3 Physikalische Grundlagen ... 29
3.4 Ausdehnung des piezoelektrischen Stapeltranslators ... 34

4 Hybride Piezoaktuatoren ... 37
4.1 Piezoelektrischer Stapeltranslator ... 37
4.2 Prinzipien zur Wegvergrößerung ... 38
4.2.1 Prinzip der mechanischen Wegübersetzung ... 39
4.2.2 Prinzip der hydraulischen Wegübersetzung ... 41

5 Entwicklung eines Piezoaktuators mit hydraulischer Wegübersetzung ... 43
5.1 Aufbau und Funktionsprinzip ... 43
5.2 Antriebsseite des Wegübersetzers - Membran ... 45
5.2.1 Theoretische Grundlagen zur Membranberechnung ... 47
5.2.2 Membranoptimierung und Vergleich mit FEM-Berechnung ... 55
5.2.3 FEM - Berechnung und Optimierung der Ringmembran ... 61
5.3 Abdichtung der Abtriebsseite des Wegübersetzers - Metallbalg ... 67

5.3.1 Physikalische Eigenschaften 68
5.3.2 Lebensdauer 70
5.4 Kompensation der thermischen Dehnung 72
5.4.1 Thermische Dehnung des Piezotranslators 72
5.4.2 Thermische Dehnung des Öls 73
5.5 Vorspannung des Piezoaktuators 77
5.5.1 Kompressibilität des Übertragungsmediums 77
5.5.2 Einfluß der Aktuatorvorspannung 80
5.6 Elektrische Ansteuerung des Piezoaktuators 84
5.7 Mathematisches Modell des Piezoaktuators 89
5.7.1 Modellbildung des Piezotranslators 89
5.7.2 Modellbildung des Gesamtsystems 92
5.8 Experimentelle Untersuchungen des Piezoaktuators 95

6 Entwicklung eines Piezoaktuators mit mechanischer Wegübersetzung . 104
6.1 Biegebalken 105
6.2 Balken mit Torsionsstäben 107
6.3 Balken mit Festkörpergelenk 112
6.3.1 Physikalische Grundlagen 112
6.3.2 Auslegung und Analyse mit Hilfe von FEM 114
6.4 Konstruktiver Aufbau des Piezoaktuators 119
6.5 Experimentelle Untersuchung des Piezoaktuators 121

7 Hydraulisches Piezo-Servoventil 126
7.1 Kompensation der Strömungskräfte 127
7.2 Ventilaufbau 133
7.3 Entwicklung des Wegsensors 135
7.4 Prüfstandsaufbau und experimentelle Ergebnisse 137
7.4.1 Statisches Verhalten 137
7.4.2 Dynamisches Verhalten 142

8 Zusammenfassung 147

9 Literaturverzeichnis 149

Verwendete Formelzeichen und Abkürzungen

Römische Schriftzeichen

A_F	Querschnittsfläche des Piezotranslators
A_M	Membranfläche
A_Q	mit Ladung beaufschlagte Fläche
b	Breite des Balkens
C	Kapazität der Piezoscheibe
c_F	Federsteifigkeit
c_M	Membransteifigkeit
c_p	mechanische Steifigkeit des Piezotranslators
D	Widerstandsmoment der Membran, elektrische Verschiebungsdichte
d	piezoelektrische Ladungskonstante
E	elektrische Feldstärke
F	Kraft
h	Materialdicke, Abstand der Ladungsflächen
I	Strom
i	Übersetzungsfaktor, Strom
k	Kopplungsfaktor
l	Länge, Dehnung
M_r, M_t	Biegemoment
m	Masse
P	Polarisation
p	Druck
Q	Belastung der Membran pro Längeneinheit
q	Intensität der Belastung
r	Polarkoordinate
r_n , r_t	Krümmungsradius
S	Deformation, relative Dehnung
S_B	Sicherheitsfaktor
s	Elastizitätskonstante
T	mechanische Spannung
t	Zeit, Materialdicke
U	elektrische Spannung
V	Ölvolumen
W	Energie

x	Piezotranslatorhub, Aktuatorhub
y	Ventilschieberhub
$y(x)$	Bieglinie des Balkens

Griechische Schriftzeichen

ΔL	Dehnung des Piezotranslators
Δl	mechanische Auslenkung
ε_0	Dielektrizitätskonstante
ε	Dielektrizitätszahl
η	Wirkungsgrad, Übertragungsgrad
φ, θ	Polarkoordinaten
ν	Poissonsche Zahl
ρ	Krümungsradius
σ	mechanische Spannung
ω	Bieglinie

Abkürzungen und Indizes

e	elektrisch
Q	elektrische Ladung
m	mechanisch
max	maximal
eff	effektiv
dyn	dynamisch
F	Feder
P	Piezo
M	Membran
r	radial
t	tangential
b	Biegung
$MÖL$	von der Membran verdrängtes Ölvolumen

1 Einleitung

Hydraulische Antriebe werden in vielen technischen Anwendungen eingesetzt, bei denen sie ständig wachsenden Anforderungen, speziell bezüglich der Dynamik der Stellsysteme, gegenüberstehen. Der Bedarf an hochdynamischen Antrieben ist besonders im Bereich der fluidtechnischen Anwendungen im Werkzeug- und Prüfmaschinenbau, bei Flug- und Fahrsimulatoren etc., deutlich gestiegen. Elektrisch betätigte fluidtechnische Ventile, die die Umwandlung des Eingangssignals in eine fluidtechnische Ausgangsgröße wie Druck oder Volumenstrom übernehmen, stellen dabei eine wichtige Komponente sowohl der elektrohydraulischen als auch der elektropneumatischen Antriebstechnik dar. Sie dienen als Schnittstelle zwischen elektrischem Signalkreis und hydraulischem oder pneumatischem Leistungskreis und beeinflussen deswegen entscheidend die Leistungsdaten. Aus diesem Grunde kommt der Entwicklung hochdynamischer fluidtechnischer Ventile eine große Bedeutung zu.

Grundsätzlich kann man fluidtechnische Ventile in unstetige (z. B. Schalt- und Sperrventile) und stetige Ventile (z. B. Fühler-, Proportional- und Servoventile) unterteilen. In den letzten Jahren gewinnen stetige Ventile immer mehr an Bedeutung, da sie gegenüber Schaltungen mit einfachen Wegeventilen mehr Funktionen und Einsparungen an Bauelementen ermöglichen /B3/. Bei Servo- und Proportionalventilen ist die Ventilstellung stetig verstellbar und proportional zu einem elektrischen Eingangssignal. Ein elektrisch angesteuertes Ventil besteht aus einem elektro-mechanischen Wandler und aus einer hydraulischen Leistungsstufe. Die Aufgabe des elektromechanischen Wandlers besteht darin, die elektrische Größe wie Spannung, Strom oder Ladung in eine analoge Kraft oder Position zu wandeln.

Fluidtechnische Servomechanismen haben ihre Ursprünge in Mechanismen, die schon im griechischen und römischen Kulturkreis eingesetzt wurden. Ktesibios (285 - 247 v. Chr.) hat die Wasseruhr erfunden, die als erster hydraulischer Servomechanismus anzusehen ist. Das war der Angfang der Entwicklung von Schwimmerventilen. Einen großen Fortschritt haben Schwimmerventile und andere hydraulische Servomechanismen in der industriellen Revolution erreicht. Anfang des 20. Jahrhunderts begann man Öl als Druckmedium und elektrische Lösungen für Steueraufgaben bei richtungssteuernden Ventilen einzusetzen. Das erste zweistufige Servoventil, das eine reibungsfreie Vorsteuerstufe verwendete, wurde im Jahre 1950 von W. C. Moog, Jr. entwickelt. Das Ventil besaß gute dynamische Eigenschaften.

In den letzten Jahren wurde die Weiterentwicklung der fluidtechnischen Antriebstechnik stark von den Fortschritten in der Mikroelektronik geprägt. Es wurde verstärkt daran gearbeitet, die Genauigkeit und die Dynamik der fluidtechnischen Antriebe durch den Einsatz moderner Regelungsverfahren zu verbessern. Trotz der erheblich erweiterten Möglichkeiten der Systemtechnik sind konstruktive Verbesserungen der Einzelkomponenten auch weiterhin notwendig. Besonders die Optimierung der Ventile, die eine wichtige Komponente der fluidtechnischen Antriebstechnik darstellen, kann erheblich zur Erhöhung der Dynamik beitragen.

Aus diesem Grunde sind neue Entwicklungstendenzen in der Ventiltechnik zu beobachten. Mit den klassischen Bauformen der elektromechanischen Wandler, die meistens auf der Nutzung des elektromagnetischen Effektes beruhen, ist es immer schwieriger, weitere Verbesserungen der Dynamik zu realisieren. Um die dynamischen Fähigkeiten fluidtechnischer Ventile zu verbessern, kommen den neuen elektromechanischen (piezo- und magnetostriktive Aktuatoren etc.) Wandlerprinzipien, die ein erheblich größeres dynamisches Potential anbieten, eine große Bedeutung zu.

Piezoelektrische Aktuatoren (Piezotranslatoren) sind elektromechanische Wandler, die wegen ihrer Eigenschaften für die Betätigung hochdynamischer Ventile besonders geeignet sind. Der entscheidende Grund für den Einsatz eines Piezotranslators in fluidtechnischen Ventilen liegt in seinen dynamischen Fähigkeiten. Mit einem geeigneten Leistungsverstärker können sehr kurze Ansprechzeiten, die im Mikrosekunden-Bereich liegen, realisiert werden. Ein weiterer und sehr wichtiger Grund, der für die Verwendung eines Piezotranslators spricht, sind seine Eigenschaften im statischen Bereich, denn die Leistung in Form eines Ladestromes wird nur während der dynamischen Längenänderug aufgenommen. Im statischen Betrieb ist praktisch keine Energie erforderlich.

2 Stand der Ventiltechnik und Aufgabenstellung

2.1 Stetige direkt- und vorgesteuerte fluidtechnische Ventile

In der Fluidtechnik wird das Wort "Ventil" unabhängig von dessen Aufbau als Sammelbegriff für die Funktionseinheiten zur Steuerung und Regelung von Energie benutzt. Fluidtechnische Ventile beeinflussen die Druckflüssigkeit über den Durchflußweg (Richtung und Betrag des Volumenstroms) oder den Flüssigkeitsdruck und sind deswegen nach ihrer Funktion in Druck-, Strom- und Wegeventile eingeteilt. Nach der Art der Hauptstufenbetätigung unterscheidet man direktgesteuerte von vorgesteuerten Ventilen.

Direktgesteuerte hydraulische Ventile (auch direkt betätigte Ventile) sind einstufige Ventile, die sich dadurch auszeichnen, daß die zur Betätigung benötigte Energie ohne zwischengeschaltete hydraulische Verstärkerstufe zur Beeinflussung des Fluids verwendet wird. Der Steuerschieber wird direkt von dem elektro-mechanischen Wandler (auch Aktuator genannt) betätigt. Dabei müssen bei allen direkt betätigten Ventilen die zur Steuerung des Fluids benötigten Kräfte direkt vom Betätigungselement aufgebracht werden. Die *Bilder 2-1* und *2-2* zeigen Beispiele direkt gesteuerter hydraulischer Stetigventile.

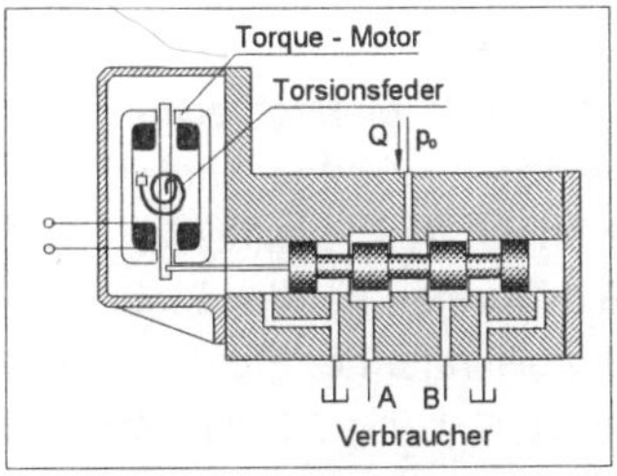

Bild 2-1:Direktgesteuertes hydraulisches Servoventil (Schneider).

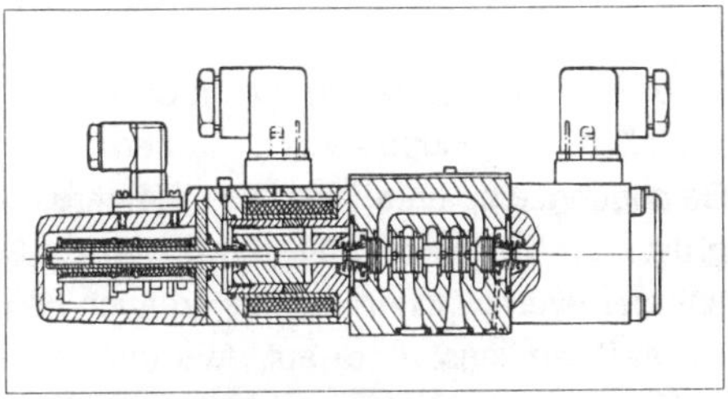

Bild 2-2: Direktgesteuertes hydraulisches Proportionalventil (Vickers).

Beide dargestellten Wegeventile sind als Kolbenschieberventile ausgeführt und stellen eine sehr verbreitete Bauart der Proportional- und Servoventile dar. Bei Proportional- und Servoventilen ist die Ventilstellung stetig verstellbar und proportional zu einem elektrischen Eingangssignal. Die Unterschiede beider Ventilarten liegen im Aufbau, im Preis und besonders in den statischen und dynamischen Eigenschaften. In der letzten Zeit ist eine genaue Abgrenzung zwischen beiden Ventilgruppen fast unmöglich, die Bereichsgrenzen sind fließend /B5/.

Verglichen mit dem Proportionalventil ist die Wartung, insbesondere die aufwendige Filterung des Druckmediums, für das Servoventil teuerer. Das Servoventil wird überall dort eingesetzt, wo sehr hohe Anforderungen an die Genauigkeit und die Dynamik hydraulischer Antriebe gestellt werden. Die am häufigsten eingesetzten elektromechanischen Wandler in Servoventilen sind Torque- und Linearmotoren. Ein Beispiel für die Ausführung eines direktgesteuerten elektrohydraulischen Servoventils mit dem Torque-Motor zeigt *Bild 2-1*. Solche Ventile werden zur Steuerung kleiner Volumenströme bis ca. *20 l/min* eingesetzt.

Proportionalwegeventile (*Bild 2-2*) sind robuster aufgebaut als Servoventile und deswegen auch günstiger im Preis. Bei dieser Ventilgruppe ist der am häufigsten eingesetzte elektromechanische Wandler ein Proportionalmagnet. Bezeichnend für viele Proportionalventile, im Gegensatz zu Servoventilen, sind deren schlechtere Dynamik und stationäres Verhalten /V1, B5, K1/.

Eine direkte Betätigung fluidtechnischer Ventile über elektromechanische Wandler ist hauptsächlich wegen des begrenzten Kräftangebotes der Betätigungselemente nur für kleinere Ventilnenngrößen ausführbar. Bei grösseren Ventilnenngrößen (ab Nenngröße NG 10) treten bei der Steuerung höherer hydraulischer Leistungen auch höhere Impulskräfte der Fluidströmung (Axial-Strömungskräfte) auf. Aus diesem Grunde muß bei größeren Ventilen zwischen der elektromechanischen Eingangsstufe und der hydraulischen Leistungsstufe eine (oder mehrere) hydraulische Verstärkerstufe (Vorsteuerstufe) zwischengeschaltet werden. So erhält man vorgesteuerte Ventile, die sich durch eine hohe Leistungsverstärkung auszeichnen. Das heißt, daß mit kleinen elektrischen Eingangsleistungen große hydraulische Leistungen gesteuert werden können. Dabei kann die Leistungsverstärkung Werte bis 10^8 erreichen /B5/. *Bild 2-3* zeigt eine Auswahl vorgesteuerter hydraulischer Stetigventile.

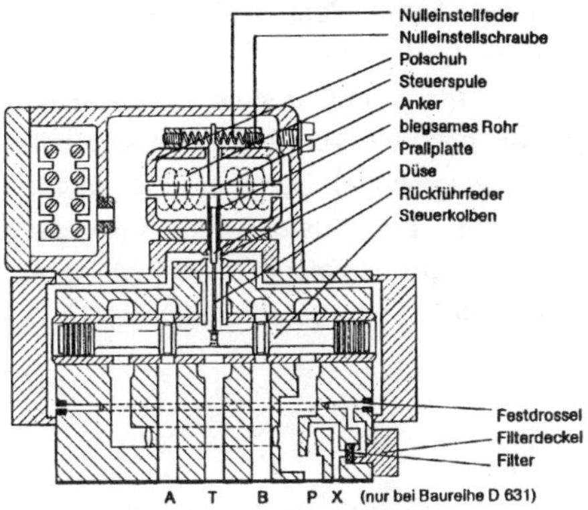

Servoventil Baureihe D 631 (Moog)

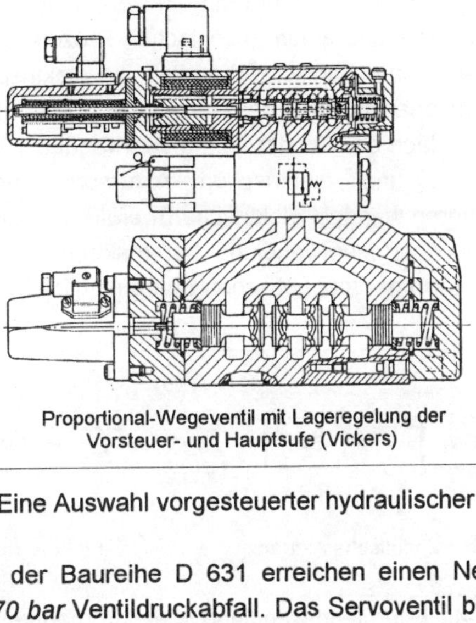

Proportional-Wegeventil mit Lageregelung der Vorsteuer- und Hauptsufe (Vickers)

Bild 2-3 : Eine Auswahl vorgesteuerter hydraulischer Ventile.

Moog-Servoventile der Baureihe D 631 erreichen einen Nenndurchfluß von *5* bis *75 l/min* bei *70 bar* Ventildruckabfall. Das Servoventil besteht aus einem elektrischen Torque-Motor (Gleichspannungs-Drehankermagnet-Motor), einer Doppeldüsen-Vorsteuerstufe und einem Steuerkolben als Hauptsteuerstufe. Ein elektrischer Strom im Torque-Motor ergibt einen proportionalen Hub des Steuerkolbens der zweiten Stufe und einen proportionalen Durchfluß zum Verbraucher /M2/.

Das zweistufige Proportional-Wegeventil der Nenngröße NG 16 ist für Volumenströme bis *Q = 200 l/min* bei einer Druckdifferenz $\Delta p =$ *5 bar* pro Steuerkante geeignet. Als Vorsteuerstufe ist ein Steuerschieber eingesetzt. Sowohl die Haupt- als auch die Vorsteuerstufe sind mit einem Wegaufnehmer für die Lageregelung ausgestattet. Durch ein Sicherheits-(Wechsel-)Ventil wird der Haupsteuerschieber bei Ausfall der Ansteuerelektronik durch eine Federzentrierung in die geschlossene Mittelstellung als definierte Ruhelage gebracht und dort gehalten (Fail - Safe Funktion) /V1/.

2.2 Aktuatoren - elektromechanische Wandler

Unter dem Begriff Aktuator versteht man ein Verbindungsglied zwischen dem elektrischen Signalkreis und einem technischen Prozeß /J1/. Sehr verbreitete Aktuatoren sind elektromechanische Wandler, die elektrische in mechanische Energie, die als mechanisches Arbeitsvermögen (*Kraft x Weg*) zu Verfügung steht, umwandeln. Nach der Art der Energieumwandlung kann man zwischen elektromagnetischen und elektrischen Aktuatoren unterscheiden /K2/. Elektrische Aktuatoren wandeln elektrische Energie direkt in mechanische um, während sich die Energieumwandlung bei elektromagnetischen Aktuatoren über die Zwischenform der magnetischen Energie vollzieht (*Bild 2-4)*.

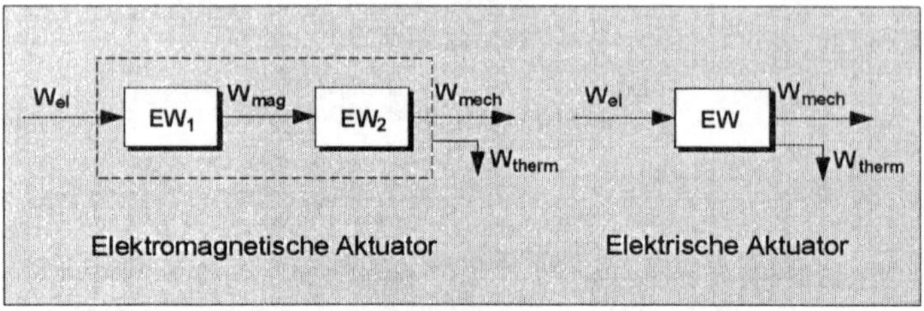

Bild 2-4: Energieumwandlung in elektromagnetischen und elektrischen Aktuatoren.

Im allgemeinen bestehen Ventile aus Steuer- und Betätigungselementen. Das Steuerelement beeinflußt direkt das Fluid, während das Betätigungselement zur Beeinflussung (Betätigung) des Steuerelements dient. Heutzutage ist die

Ventilentwicklung sehr eng mit dem allgemeinen Fortschritt der Technik verbunden, besonders bei Neuentwicklungen von elektromechanischen Wandlern (auch "Stellglieder" oder "Aktuatoren") sowie in der Mikroelektronik und Sensorik. Bei elektrisch angesteuerten Ventilen kann man durch das Betätigungselement - elektromechanischer Wandler - die Eigenschaften, besonders die Dynamik und die damit verbundene Grenzfrequenz des Ventils, entscheidend beeinflussen.

2.2.1 Klassische Aktuatorbauarten für direktgesteuerte Ventile

Bei den heute am Markt verbreiteten Ventilen werden meist klassische elektromechanische Wandler (*Bild 2-5*), oft Aktuatoren oder Stellglieder genannt, eingesetzt. Sie übernehmen die Aufgabe, Kräfte und/oder Wege zu erzeugen, um hydraulische Widerstände in Form von Steuerschlitzen oder Sitzspalten zu verändern /B4/. Eine Gegenüberstellung verschiedener Aktuatorbauarten wurden bereits von mehreren Autoren veröffentlicht /B2, F1, F2, H1, K1, N1/.

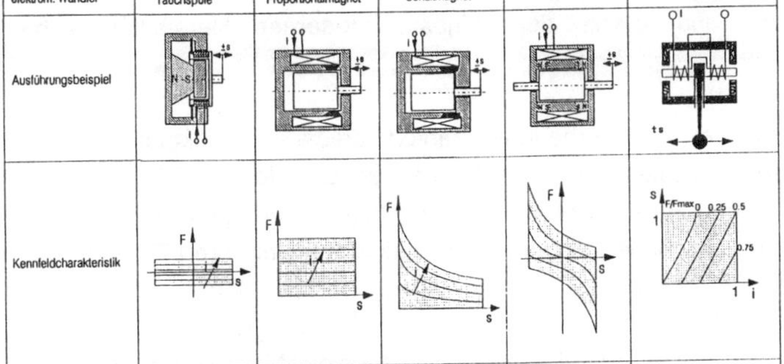

elektrom. Wandler	Tauchspule	Proportionalmagnet	Schaltmagnet	Linearmotor	Torque-Motor
Ausführungsbeispiel					
Kennfeldcharakteristik					
erreichbare Hübe	> 2 mm	2 ... 4 mm	3 ... 8,5 mm	0,7 ... 2 mm	
zugeh. Maximalkräfte	> ± 10 N	55 N ... 180 N	55 ... 200 N	±100 ... ±300 N	
Hubarbeit	> 40 Nmm	80 ... 320 Nmm	75 ... 800 Nmm	140 ... 780 Nmm	
Hubarbeit/Bauvolumen	ca. 0,5 Nmm/cm³	1,4 ... 1,8 Nmm/cm³	2,1 ... 2,6 Nmm/cm³	1,5 ... 2,5 Nmm/cm³	
Hysterese	gut	gesteuert < 4%	k.A.	k.A.	k.A
Linearität	auch gesteuert gut	gut	Korrekturregelung erf.	ohne Regelung mäßig	gut
Resonanzfrequenz	typ. 200 Hz	<190 ... 80 Hz	k.A.	ca. 260 Hz	100 ... 300 Hz
Eingangsleistung	30 W	18 ... 32 W	16 ... 38 W	7,2 ... 65 W	0.02 ... 4 W
Bauaufwand	teurer Permanentmag.	mäßig (Steuerkonus)	ohne Regelung gering	teure Permanentmag.	teure Permanentmag.
Druckfestigkeit	druckfester Stecker erf.	Standardausführung	Standardausführung	ja	ja
Bemerkung	geringe Kraftdichte	kein fail-safe	kein fail-safe		

Bild 2-5: Klassische Aktuatorbauarten und ihre Eigenschaften - Übersicht.

Der Linear- und der Torque-Motor weisen ein hervorragendes dynamisches Verhalten auf und können Kräfte in beiden Richtungen erzeugen. Der Linearmotor übt eine lineare Betätigungsbewegung aus und ermöglicht hohe Stellkräfte bezogen auf Bauwolumen und Gewicht, was ihn für die Direktbetätigung stetiger Ventile besonders geeignet macht. Der Torque-Motor wird in Servoventilen am häufigsten eingesetzt. Nachetile liegen aber im hohen Fertigungsaufwand und in der Empfindlichkeit gegen äußere Störeinwirkungen /T1, B5/.

2.2.2 Alternative Aktuatorbauarten für direktgesteuerte Ventile

Direktgesteuerte Ventile bringen im Vergleich mit vorgesteuerten Ventilen einige Vorteile mit /B2 /. In den letzten Jahren hat man versucht, neue, immer schnellere direktgesteuerte Ventile für größere Volumenströme zu entwickeln. Die Anstrengungen beschränkten sich nicht nur auf die Verbesserung konventioneller Ventile, sondern zielten auch auf die Entwicklung neuer Aktuatoren. Dies wird besonders durch die Fortschritte in der Werkstofforschung und durch den Einsatz moderner Herstellungstechnologien ermöglicht.

Zu alternativen Aktuatorbauarten zählen verschiedene Aktuatoren wie Aktoren mit Memory-Legierungen, elektrochemische Aktoren, Aktoren mit elektrorheologischen Flüssigkeiten, magnetostriktive und piezoelektrische Aktoren /J1/. Eine Gegenüberstellung dieser Aktuatoren mit ihren Eigenschaften zeigt *Bild 2-6*.

Aktoren mit Memory-Legierungen sind Memory-Metalle, die auf Nickel-Titan- (NiTi) und Kupfer-Zink-Aluminium- (CuZnAl) Legierungen basieren. Eine besondere Eigenschaft dieser Metalle ist das ausgeprägte Formgedächtnis. Dabei handelt es sich um eine ständige Umwandlung von thermischer in mechanische Energie über Kristallstruktur-Umwandlung. Diese Aktoren können unterschiedliche Bewegungsarten ausüben.

Elektrochemische Aktuatoren arbeiten z. B. nach dem Prinzip des Druckauf- und abbaus von Gas in einer abgeschlossenen Kammer mit Hilfe der

Elektrolyse. Der Druckaufbau und damit die Verlängerung des Aktuators erfolgt beim Anlegen einer Gleichspannung an die Elektroden, die durch einen Elektrolyten miteinander verbunden sind. Durch Umpolung oder Kurzschluß geschieht der Druckabbau und damit die Verkürzung des Aktors.

Aktuatorbauart	Memory-Legierung	elektrochemischer Aktuator	elektro-rheologische Flüssigkeiten	megnetostriktiver Aktuator	piezoelektrischer Aktuator
Ausführungsbeispiel		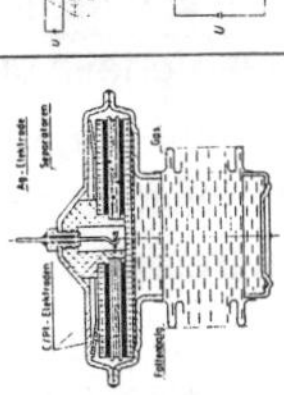	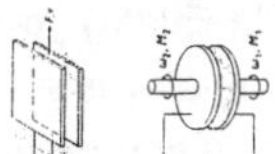	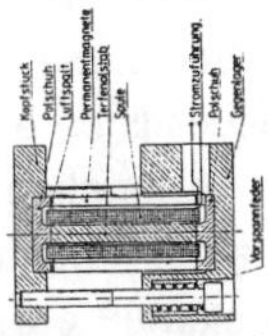	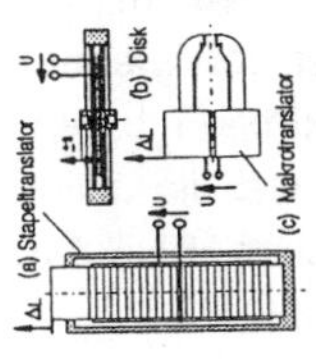
					a) b) c)
erreichbare Hübe	35 mm/m	< 10 mm	-	< 2 mm/m	< 0.18 mm, < 0.2 mm, < 1 mm
Maximalkräfte	< 62 N	< 2000 N	-	< 1000 N	< 10000 N, 35 N, 50 N
Temp.-Einsatzbereich	-150 ... 150 °C	-	-40 ... 120 °C	-	-40 ... 120 °C
Hubarbeit	100 ... 590 Nmm/m	2500 ... 5000 Nmm,	-	< 1000 Nmm	< 900 Nmm, 7 Nmm, 50 Nmm
Hubarbeit/Bauvolumen	< 3300 Nmm/cm³	-	-	14 ... 25 Nmm/cm³	ca. 5, 0.25, 1 Nmm/cm³
Hysterese	schlecht	mit Regelung gut	-	mit Regelung gering	mit Regelung gering
Linearität	keine	mit Regelung gut	-	mit Regelung gut	mit Regelung gut
Resonanzfrequenz	-	-		einige 1000 Hz	> 2000 Hz, 1100 Hz, 100 Hz
Eingangsleistung	4 ... 5 W	1 ... 4 W	einige 100 W	-	50 W
elktrische Feldstärke	-	-	< 4 kV/mm	-	< 2 kV/mm

Bild 2-6: Gegenüberstellung alternativer Aktuatoren.

Neue Aktoren lassen sich auch mit Hilfe elektrorheologischer Flüssigkeiten realisieren /W4/. Unter dem Einfluß elektrischer Felder verändern elektrorheologische Flüssigkeiten (ERF) ihre Fließeigenschaften (dynamische Viskosität η) /R1, J1/. Beim Einschalten des elektrischen Feldes erstarrt die Suspension von nichtmetallischen Teilen in elektrisch nichtleitenden Ölen aufgrund von Polarisationseffekten zu einem plastischen Körper. Nach Ausschalten des Feldes wird die Suspension wieder dünnflüssig. Der Nachteil des ERF-Aktors ist, daß bei den zur Zeit verfügbaren ERF-s Steuerfeldstärken von einigen *kV/mm* benötigt werden, wobei die üblichen Werte im Bereich bis *4 kV/mm* liegen. Allerdings ermöglichen ERF-Aktoren Ventileffekte ohne bewegte Teile.

Durch neuentwickelte magnetostriktive Werkstoffe wie "Terfenol-D" hat der magnetostriktive Effekt für den Aufbau neuer linearer Aktuatoren erheblich an Interesse gewonnen. Ferromagnetische Materialien wie Eisen, Kobalt und Nickel weisen unter dem Einfluß eines magnetischen Feldes eine Längenänderung auf. Dabei bleibt das Volumen etwa konstant. Dieser Effekt wird als magnetostriktiver Effekt (Joule-Effekt) bezeichnet /J1/. Hochmagnetostriktive Werkstoffe aus Seltenerdmetall-Eisen-Legierungen (Terfenol-D) ermöglichen heutzutage Längenänderungen von mehr als *1400 µm/m* bei einer magnetischer Feldstärke von *100 kA/m*. Als Vorteile sind bei magnetostriktiven Aktuatoren vor allem die hohen Verstellkräfte bei kurzen Reaktionszeiten zu sehen. Relativ kleine Dehnungen und permanenter Verbrauch der elektrischen Leistung zur Magnetisierung im statischen Betrieb sind als Nachteil zu nennen.

Von den alternativen Aktuatorbauarten sind piezoelektrische Aktuatoren am bekanntesten und am Markt schon sehr verbreitet. In vielen Anwendungsgebieten wie Feinwerktechnik und Maschinenbau, Optik, Meßtechnik, Medizin und Mikroelektronik /P1/ stehen piezoelektrische Aktuatoren am Anfang der Serienanwendung und sind deswegen in breiter Auswahl verfügbar. Ein Piezoaktuator ist ein elektrisch steuerbares Stellelement, dessen Funktion auf Grundlage des piezoelektrischen Effektes beruht. Weil Piezoaktuatoren meistens translatorische Bewegungen ausüben, werden sie auch Piezotranslatoren genannt.

2.2.3 Vergleich verschiedener Aktuatoren

Unter Betrachtung des Arbeitsvermögens (*Kraft x Weg*) kann man verschiedene Aktuatoren miteinander vergleichen. Die Hubarbeit ergibt sich aus der Integration der lokalen maximalen Stellkraft über den gesamten nutzbaren Hub (Stellweg) und entspricht somit der Fläche des Kraft-Hub Kennlinienfeldes. Einen Vergleich der Hubarbeit verschiedener Aktuatoren bezüglich ihres Bauvolumens zeigt *Bild 2-7*.

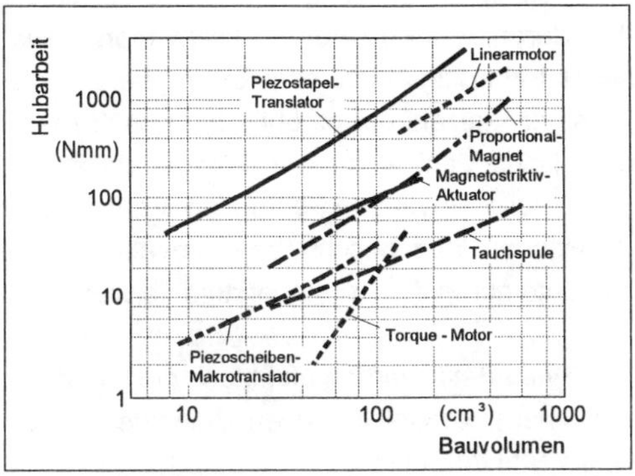

Bild 2-7: Hubarbeit verschiedener Aktuatoren /B2/.

Für eine effektive direkte Ansteuerung eines hydraulischen Servoventils muß der Aktuator einen Hub (Stellweg) von mindestens einigen Zehntel Millimetern zur Verfügung stellen. Deswegen müssen bei Aktuatoren neben hohen Werten der Hubarbeit auch für die Betätigung der Hauptstufe notwendige Stellwege erreicht werden.

Große Stellwege, die im Millimeterbereich liegen, führen bei klassischen elektromechanischen Wandler trotz relativ niedriger Stellkräfte zu einer hohen Hubarbeit, wodurch relativ hohe hydraulische Leistungen direkt angesteuert werden können. Durch hohe Hubarbeit zeichnen sich von den klassischen Aktuatoren vor allem der Proportionalmagnet und der Linearmotor aus. Tauchspule und Torque-Motor leisten geringere Hubarbeit.

Alternative Aktuatoren, wie Piezo-Stapeltranslatoren und magnetostriktive Aktuatoren, zeichnen sich durch eine hohe Hubarbeit aus. Sie bringen sehr große Kräfte über relativ kurze Wege auf. Die Kräfte sind praktisch durch die Materialfestigkeit begrenzt. Eine Schwäche stellen aber ihre kurzen Stellwege dar, was eine direkte Betätigung von Ventilen erschwert.

2.3 Piezoaktorbetätigte Ventile

Im Rahmen der technischen Entwicklung in der Fluidtechnik und des ständigen Wettbewerbs mit anderen Antriebsarten versucht man, neue fluidtechnische Ventile mit Piezoaktuatorbetätigung zu entwickeln, die vor allem eine bessere Dynamik bieten. Aus der Vielzahl der patentierten Konstruktionen haben bisher nur wenige fluidtechnische Ventile, die den Piezoeffekt zur Ventilansteuerung ausnutzen, eine industrielle Anwendung gefunden. Im folgenden werden einige dieser Ventilkonstruktionen kurz beschrieben, die allerdings Piezoaktuatoren als Betätigungselemente nur in der Vorsteuerstufe verwenden.

Von der Firma *SMC Pneumatik* werden elektrisch gesteuerte Druckregelventile angeboten, die mit einem piezoelektrischen Biegeelement ausgestattet sind. *Bild 2-8* zeigt dieses Ventil im Schnitt.

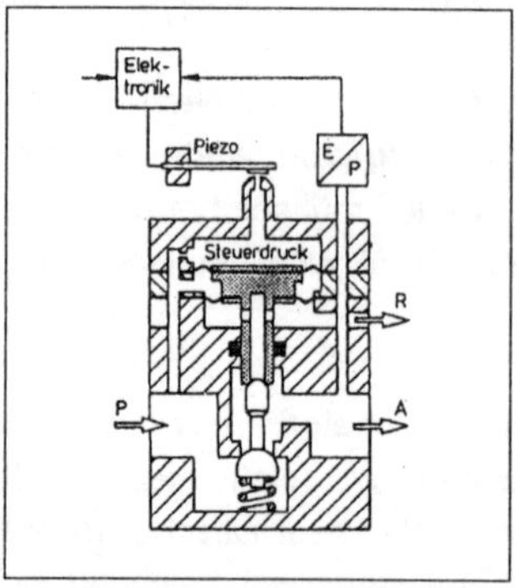

Bild 2-8: Druckregelventil (SMC Pneumatik).

Das Biegeelement wird als Prallplatte in einer Vorstufe eingesetzt, die nach dem Düse-Prallplatte Prinzip arbeitet. Das Betreiben des Ventils im Regelkreis gewährleistet eine hohe Linearität und eine geringe Hysterese.

Von der Firma *Hoerbiger Pneumatik* wird ein pneumatisches Schaltventil angeboten, das ebenfalls über ein piezoelektrisches Biegeelement in einer nach dem Düse-Prallplatte Prinzip arbeitenden Vorstufe verfügt. Das Ventil ist in *Bild 2-9* dargestellt.

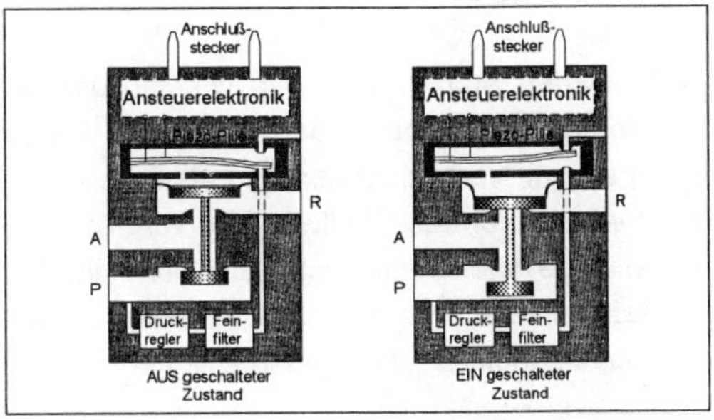

Bild 2-9 : Schaltventil (Hoerbiger Pneumatik).

Für die Ansteuerung hydraulischer Ventile wird von der Firma *Hydraulik Ring GmbH* ein piezoelektrischer Scheibentranslator eingesetzt, bei dem der radialsymmetrische Wölbeffekt für die Stellbewegung genutzt wird. Dieser Translator bewegt den Schieber einer hydraulischen Vorstufe Nenngröße (NG) 6, wie der folgenden Zeichnung zu entnehmen ist (*Bild 2-10*).

Das Hydraulikventil verfügt über eine hohe Dynamik bei geringer Ansteuerleistung. Diesen Vorteilen stehen jedoch eine Reihe von Nachteilen gegenüber. Da das Piezoelement mit einer Hochspannung (1000 V) betrieben werden muß, ist eine entsprechende Elektronik zur Umsetzung der Niedervolt-Ansteuerspannug (24 V) notwendig. Weiterhin ist der geringe Stellweg und die Temperaturkompensation problematisch.

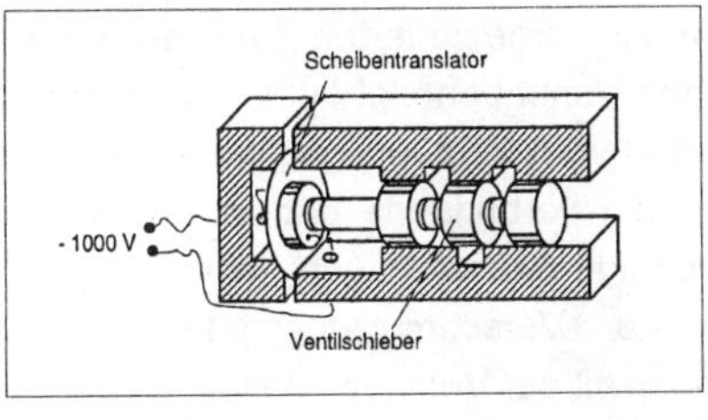

Bild 2-10 : Hydraulikventil mit Scheibentranslator (Hydraulik Ring).

In einigen Untersuchungen wurden Hochvolt-Piezoaktuatoren (400 bis 1000 V DC) verwendet, weil ihre Herstellungstechnologie im wesentlichen bekannt ist. Neuerdings erwecken Niedervolt-Piezoaktuatoren (unter 400 V DC), die auf der Multilayer-Technologie basieren, vor allem wegen der Akzeptanz in der Ventilindustrie verstärktes Interesse.

In /H2, L1, N2, W1/ wurden Schaltventile mit einer hochdynamischen Piezoaktorbetätigung untersucht. Wegen der kleinen Ausdehnungen der Piezoaktuatoren sind sie mit verschiedenen hydraulischen Wegübersetzungssystemen kombiniert worden, um die Stellwege zu vergrößern. Allerdings sind die erreichbaren Stellwege und damit auch der Durchfluß der Ventile relativ klein. Ebenfalls besitzen die hydraulischen Verstärkerstufen wegen der Ölleckage keine Langzeitstabilität und sind deswegen nur in Schaltventilen verwendbar.

Um eine noch höhere Dynamik und Langzeitstabilität zu erreichen, wurden in /M1, O1/ Piezoaktuatoren mit mechanischen Wegübersetzungssystemen kombiniert. Diese Systeme haben sich als sehr geeignet für eine hochdynamische stetige Ansteuerung der Ventile erwiesen, sind aber wegen der kleinen Stellwege für eine direkte Betätigung der Ventile nicht geeignet und können deswegen vor allem als Betätigungselemente in Vorsteuerventilen verwendet werden.

2.4 Aufgabenstellung

Die Entwicklung hochdynamischer einstufiger, d.h. direktgesteuerter Ventile, hat in der letzten Zeit erheblich an Bedeuteung gewonnen. Einstufige Ventile bringen im Vergleich zu vorgesteuerten Ventilen Vorteile in energetischer Hinsicht. Ein einstufiges Ventil benötigt keine hydraulische Vorsteuerstufe, da das Steuerelement direkt vom Betätigungselement verstellt wird. Damit entfällt die mit der Vorsteuerung verbundene und in der Regel hohe hydraulische Verlustleistung, aufwendige Ausführungen hydraulischer Vorsteuerstufen und die damit verbundene Verschmutzungsgefahr. Ebenfalls entfällt die Vorsteuerdruckabhängigkeit der Ventildynamik.

Ziel dieser Arbeit ist es, vor allem zwei Trends in der Ventiltechnik zu verfolgen, wie in *Bild 2-11* dargestellt. Da wegen der hohen Impulskräfte der Strömung in konventionellen Ventilen eine direkte Betätigung auf kleine Ventilnenngrößen begrenzt ist, liegt ein Schwerpunkt der Ventilentwicklung in der Anwendungserweiterung der direktgesteuerten Ventilen für höhere hydraulische Leistungen. Die Vorteile der direkten Ventilansteuerung sollen auch für große Volumenströme und Drücke nutzbar gemacht werden. Der zweite Schwerpunkt der Ventilentwicklung, mit dem sich diese Arbeit näher beschäftigt, liegt in der Entwicklung neuer elektromechanischer Wandler (Aktuatoren), die eine hohe Dynamik des Ventils ermöglichen und gleichzeitig eine hohe Hubarbeit leisten (*Bild 2-7*), was die Ansteuerung auch höherer hydraulischer Leistungen möglich macht.

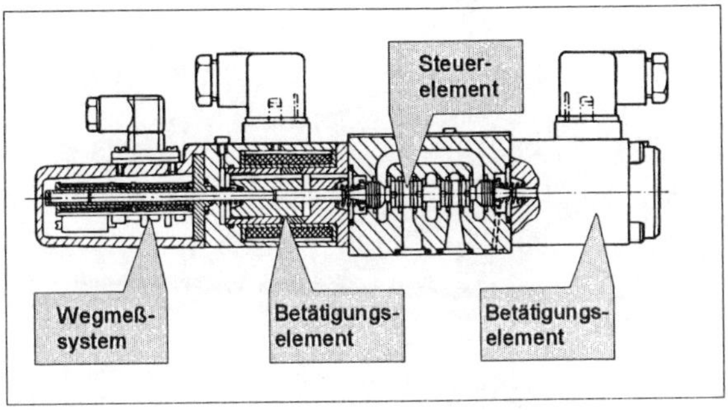

Bild 2-11 : Schwerpunkte dieser Arbeit bei der Entwicklung eines hochdynamischen Servoventils.

Im Rahmen dieser Arbeit sollen die Möglichkeiten der Nutzung des Piezoeffektes zur Ansteuerung fluidtechnischer Ventile untersucht werden. Vor allem ist ein Piezoaktuator zur direkten Ansteuerung eines hydraulischen Servoventils für größere hydraulische Leistungen zu entwickeln. Bei der Entwicklung des Piezoaktuators sollen folgende Ausgangspunke berücksichtigt werden:

- schnelle Verstellung (hohe Dynamik),
- großer Stellweg ($\geq$ 1 mm),
- hohe Steifigkeit,
- kleine Baugröße,
- Verwendung von Niedervolt-Piezoaktuatoren.

Ein weiterer Aspekt, dem große Aufmerksamkeit geschenkt werden muß, sind Aufbau und Optimierung des Ventilkörpers. Mit wachsender hydraulischer Leistungen wachsen auch die Impulskräfte der Fluidströmung stark an und begrenzen damit die direkte Betätigung in konventionellen Ventilen /F1/. Ein hochdynamisches direktbetätigtes Ventil, das auch in der industriellen Praxis eine effektive Anwendung findet, kann nur dann entstehen, wenn eine gleichzeitige, ergänzende Entwicklung von Piezoaktuator und Ventilkörper stattfindet. Beide Ventilkomponenten müssen aneinander angepaßt werden. Nur so können die Vorteile beider Komponenten effektiv genutzt werden. Dieses Ziel wird in der vorliegenden Arbeit besonders verfolgt.

3 Piezoelektrische Aktuatoren

Piezoelektrische Aktuatoren sind elektromechanische Wandler, die die Fähigkeit besitzen, elektrische Energie direkt in mechanische, wie Wege oder Kräfte, umwandeln zu können /P1/, /P2/. Diese Umwandlung erfolgt in den meisten Fällen quasistatisch, also deutlich unterhalb der Resonanzfrequenz des Piezoaktuators. Trotzdem können schnelle Ausdehnungen und damit kurze Ansprechzeiten, die im µs-Bereich liegen, erreicht werden. Die spannungsproportionale Längenänderung eines Piezoaktuators bietet hochgenaue Stellwegänderungen mit theoretisch unbegrenzter Auflösung im nm-Bereich. Bei der aktiven Auslenkung eines Keramikkörpers kann nahezu eine Volumenkonstanz des Körpers angenommen werden.

Vorteile:	Nachteile:
- hohe Auflösung	- ausgeprägte Kennlinienhysterese
- keine Verschleißteile	- Drift (ca. 1% des Stellweges/Zeitdekade)
- hoher Wirkungsgrad	- Quer- und Scherkraftempfindlichkeit
- schnelle Ausdehnung (<< 1 ms)	- Zugbelastung ist zu vermeiden
- große Stellkräfte	- Verringerung des Ausdehnungsvermögens durch Alterung
- hohe Steifigkeit des Keramikmaterials	- Piezoeffekt temperaturabhängig
- vernachlässigbar kleine Leistungsaufnahme im statischen Betrieb.	- Depolaristion möglich durch: - hohe mechanische Belastung - Ladungsüberlastung - Überschreiten von 50 bis 75% der Curie-Temperatur.

Bild 3-1 : Eigenschaften piezoelektrischer Aktuatoren.

Um einen möglichst großen piezoelektrischen Effekt, eine hohe Kraft und eine hohe mechanische Steifigkeit zu erzielen, kann eine piezokeramische Stapelkonstruktion (Piezotranslator) verwendet werden. Die erzielten Wege und Kräfte sind spielfrei und nicht mit externer Reibung behaftet, da sie die Folge einer reinen Festkörperverformung sind. Daraus ergibt sich der große Vorteil, daß der Piezoaktuator keinerlei Verschleiß unterliegt und deswegen ist eine Reproduzierbarkeit über lange Zeiträume realisierbar. Piezoaktuatoren haben zudem einen hohen Wirkungsgrad. Bei der Verwendung einer geeigneten

Ansteuerung mit der Möglichkeit, die elektrische Energie zurückzugewinnen, kann bis zu 90 % der elektrischen Energie direkt in mechanische umgesetzt werden /B6/. In *Bild 3-1* sind in einer Tabelle Vorteile und Nachteile piezoelektrischer Aktuatoren zusammengefaßt.

3.1 Piezokeramische Werkstoffe

Die heute dominierenden piezokeramischen Werkstoffe sind seit ca. 40 Jahren bekannt. Als technisch relevante Werkstoffe kommen meistens keramische Systeme auf der Basis verschiedener Materialien, wie Bariumtitanat, Bleititanat, Bleizirkonat und Mischkristalle aus Blei-Zirkonat-Titanat zum Einsatz. Die physikalischen Eigenschaften dieser Stoffe werden durch deren strukturelle Besonderheiten, durch das Mischungsverhältnis von *Ti* und *Zr*, durch geringe Zusätze anderer Elemente und von dem Herstellungsprozeß definiert.

Unter Piezoelektrizität versteht man die Eigenschaft bestimmter Kristalle, bei mechanischer Deformation infolge von Druck oder Zug elektrische Ladungen freizusetzen (*Bild 3-2*). Diesen Effekt nennt man den direkten Piezoeffekt, während der umgekehrte Vorgang, nämlich die Erzeugung mechanischer Spannungen und Deformationen durch elektrische Felder, als inverser Piezoeffekt bezeichnet wird.

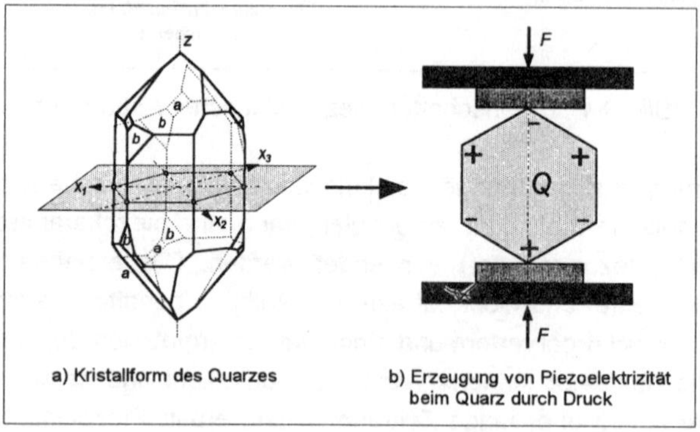

Bild 3-2 : Kristallform des Quarzes.

Das gemeinsame Kennzeichen, das alle bisher als piezoelektrisch bekannten Kristalle besitzen, ist das Fehlen eines Symmetriezentrums oder das Vorhandensein einer oder mehrerer polarer Achsen /B7/, wie in *Bild 3-2a* an der typischen Kristallform des Quarzes (trigonales System mit drei polaren Achsen X1, X2 und X3) zu sehen ist. Bei einer polaren Achse, wie in der Kristallografie verstanden, sind vorderes und hinteres Ende nicht gleichwertig, d. h. nicht miteinander vertauschbar. Dies erkennt man beim Quarzkristall (*Bild 3-2a*) daran, daß an einer der Kanten die kleinen mit *a* und *b* bezeichneten Flächen anliegen, die bei der gegenüberliegenden Kante fehlen. Beim Zusammendrücken des Quarzkristalls in Richtung einer polaren Achse, (*Bild 3-2b*) treten die Ladungen mit den angedeuteten Vorzeichen auf.

Im Jahre 1880 haben die Brüder Curie entdeckt, daß gewisse Kristalle positive und negative Ladungen an bestimmten Kristalloberflächen zeigen, wenn sie in bestimmte Richtungen zusammengedrückt werden. Diese Ladungen traten proportional zum Druck auf und verschwanden mit sinkendem Druck. Das war die Entdeckung der Piezoelektrizität, deren Erscheinung "piezoelektrischer Effekt" genannt wird. Das Präfix "Piezo-" stammt von dem griechischen Wort "piedein" und heißt "drücken". Im Jahre 1945 wurden von Goldmann und Tisza Untersuchungen des piezoelektrischen Bariumtitanat-Einkristalls veröffentlicht, dessen Kristallaufbau als Modell zur Erklärung der piezoelektrischen Eigenschaften der heutigen Bariumtitanat- und Bleizirkonat-Titanat-Keramiken dient.

3.1.1 Der piezoelektrische Effekt

Das Auftreten des Piezoelektrischen Effektes (auch Piezoeffekt genannt) ist eng an eine bestimmte unsymmetrische (Polarisation) Kristallstruktur gebunden. Diese Bedingung wird von piezoelektrischen Einkristallen, wie zum Beispiel Quarz, erfüllt. Eine äußere mechanische Beanspruchung des Materials durch Druck oder Zug, die eine mechanische Spannung T_i verursacht, hat eine Trennung des positiven und negativen Ladungsschwerpunktes in jeder Elementarzelle zur Folge. Dadurch ändert sich die Polarisation und es treten Ladungen auf den Außenflächen des Kristalls auf. Dieser Effekt heißt direkter Piezoeffekt und ist praktisch linear und zudem richtungsabhängig (Anisotropie). Die zusätzliche elektrische Polarisation P_j, die in diesem Fall die Folge einer mechanischer Spannung ist, ergibt sich aus:

$$P_j = d_{ij} \cdot T_i \tag{3.1}$$

d_{ij}..... Proportionalitätskonstante.

Der Piezoeffekt ist zudem umkehrbar. Durch Anlegen eines elektrischen Feldes entsteht eine elastische Spannung im Kristall, die eine Deformation S_j hervorruft, die je nach Polarität des Feldes zu einer Dilatation oder einer Kontraktion führt, die der elektrischen Feldstärke E_i proportional ist:

$$S_j = d_{ij} \cdot E_i \tag{3.2}$$

Diesen Effekt nennt man "inverser Piezoeffekt". Auf seiner Basis ist es möglich, schnelle Piezoaktuatoren zu realisieren. Die piezoelektrische Proportionalitätskonstante d_{ij} ist für beide Effekte numerisch identisch. Um den piezoelektrischen Effekt zu verstehen, muß man zunächst den kristallinen Aufbau der heute dominierenden piezoelektrischen Werkstoffe betrachten. Alle piezokeramischen Werkstoffe weisen oberhalb der sogenannten Curie-Temperatur eine einfache kubische Gitterform der Elementarzelle auf, wie in *Bild 3-3a* gezeigt wird.

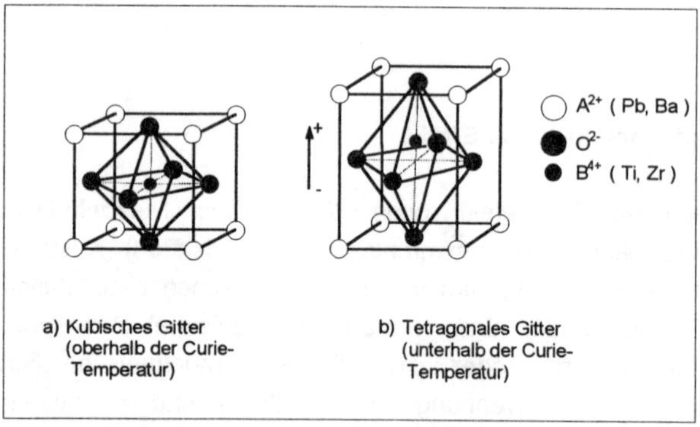

Bild 3-3 : Piezoelektrische Werkstoffe - Elementarzelle /P2/.

In der kubischen Gitterform gibt es keine Unsymmetrien und damit auch keine Dipole. Wird die materialspezifische Curie-Temperatur unterschritten, verzerrt sich die Elementarzelle aus energetischen Gründen in Richtung einer Kante. Das Gitter nimmt den tetragonalen unsymmetrischen Zustand an (*Bild 3-3 b*). Damit ändern sich die Abstände zwischen positiv und negativ geladenen Ionen. Diese Verschiebung führt zu einer Trennung der Ladungsschwerpunkte innerhalb der Zelle, wodurch ein elektrisches Dipolmoment entsteht. Diesen Vorgang nennt man spontane Polarisation P_S. Analog zum Ferromagnetismus bilden sich im Kristall spontan Bereiche einheitlicher Dipolausrichtung (Weiß'sche Bezirke), deren Polarisationsrichtung im polykristallinen Gefüge statistisch verteilt ist (*Bild 3-4 a*).

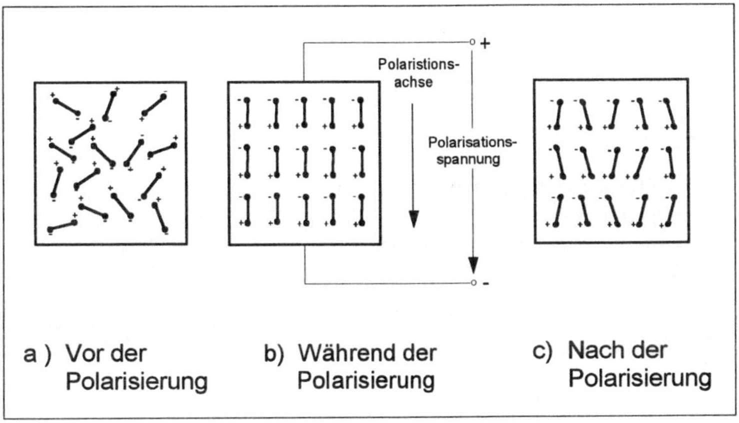

Bild 3-4 : Schematische Darstellung elektrischer Dipolmomente in den Weis'schen Bezirken /P2/.

Der Piezoeffekt tritt erst nach der Polarisierung der Dipolmomente der Kristallite auf. Dipolmomente kann man unter dem Einfluß eines starken elektrischen Feldes nach einer Vorzugsrichtung orientieren (*Bild 3-4 b*). Dies geschieht bei einer Temperatur, die einige Grad unterhalb der Curie-Temperatur liegt. Damit sind zwei makroskopisch meßbare Vorgänge verbunden. Einerseits entsteht in Richtung des angelegten Feldes eine elektrische Verschiebung, andererseits erfährt der Körper eine mechanische Dehnung in gleicher Richtung. Wird das Element abgekühlt und das elektrische Feld abgeschaltet, so behalten die Dipolmomente ihre Richtung fast bei (*Bild 3-4 c*). Dies wird remanente Polarisation P_r genannt, die bis zu 90 % der spontanen Polarisation ausmachen kann.

3.1.2 Analytische Beschreibung des Piezoeffektes

Die piezoelektrischen Erscheinungen werden durch die Wechselwirkung zwischen elektrischen Feldern und mechanischen Kräften hervorgerufen. Aus elastischen und elektrischen Eigenschaften der piezokeramischen Bauelemente ergeben sich für den quasistationären Betrieb zwischen der elektrischen Verschiebungsdichte *D* und der mechanischen relativen Dehnung *S* einerseits und der mechanischen Spannung *T* und der elektrischen Feldstärke *E* andererseits folgende Zusammenhänge /J1/:

$$S = s^E \cdot T + d \cdot E \tag{3.3}$$

$$D = d \cdot T + \varepsilon^T \cdot E \tag{3.4}$$

Dabei bezeichnen:

S...... mechanische realtive Dehnung [m/m],
D...... elektrische Verschiebungsdichte [C/m²],
T...... mechanische Spannung [N/mm²],
E...... elektrische Feldstärke [V/m],
d....... piezoelektrische Ladungskonstante [C/N],
s....... Elastizitätskonstante [Pa^{-1}],
ε....... Dielektrizitätszahl [F/m].

In diesem Gleichungssystem liefert die piezoelektrische Ladungskonstante *d* eine Aussage über die Stärke des Piezoeffektes, während ε^T die Dielektrizitätskonstante bei *T=konst.* und s^E die Elastizitätskonstante bei *E=konst.* darstellen. Da die Konstanten der polarisierten piezoelektrischen Materialien von der Richtung des elektrischen Feldes, der dielektrischen Verschiebung sowie der mechanischen Spannung und Dehnung abhängen, sind die vorkommenden Größen Tensoren erster bis vierter Stufe. Eine Vereinfachung ist unter Ausnutzung der Symmetrieeigenschaften von Tensoren möglich. Üblicherweise wird das kartesische Koordinatensystem (*Bild 3-5*) vereinbart.

Bei keramischen piezoelektrischen Materialien wird die Richtung der positiven Polarisation so gewählt, daß sie mit der *z-Achse* eines rechtwinkligen Systems kristallografischer Achsen (*x, y, z; Rechtssystem*) zusammenfällt. Entsprechend den Richtungen *x, y* und *z* werden die Symbole und verschiedene

Parameter mit den Ziffern 1, 2 bzw. 3 und die Scherung an diesen Achsen mit den Ziffern 4, 5 und 6 bezeichnet. Zum Beispiel stellt d_{33} das Verhältnis der Dehnung in Richtung 3 zum angelegten elektrischen Feld in derselben Richtung dar.

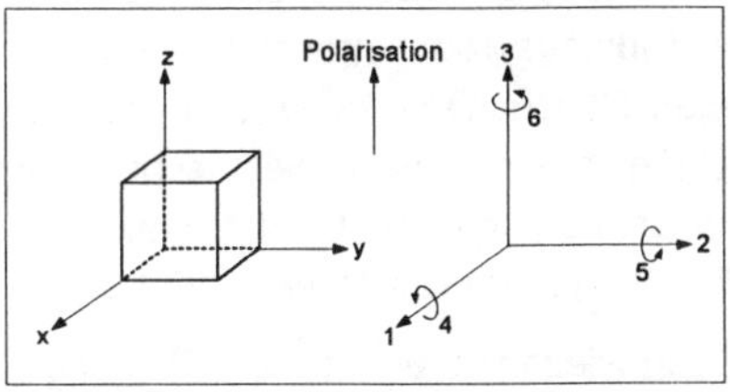

Bild 3-5 : Definition der Achsenrichtungen in Piezomaterialien.

Um ein piezoelektrisches keramisches Material vollständig charakterisieren zu können, muß man die Matrizen s^E, ε^T und d kennen. Es ist gebräuchlich, sämtliche Elemente in einer Matrix, der sog. Verkoppelungsmatrix, zusammenzufassen (*Bild 3-6*).

s_{11}	s_{12}	s_{13}	0	0	0	0	0	d_{31}
s_{12}	s_{11}	s_{13}	0	0	0	0	0	d_{31}
s_{13}	s_{13}	s_{33}	0	0	0	0	0	d_{33}
0	0	0	s_{44}	0	0	0	d_{15}	0
0	0	0	0	s_{44}	0	d_{15}	0	0
0	0	0	0	0	$2(s_{11}-s_{12})$	0	0	0
0	0	0	0	d_{15}	0	ε_{11}	0	0
0	0	0	d_{15}	0	0	0	ε_{11}	0
d_{31}	d_{31}	d_{33}	0	0	0	0	0	ε_{33}

Bild 3-6 : Verkoppelungsmatrix für ein piezokeramisches Material /J1/.

Eine wichtige Kenngröße von Piezomaterialien ist der Kopplungsfaktor k_{ij}, der sich aus den Koeffizienten der Verkoppelungsmatrix berechnen läßt. Beispielsweise gilt für k_{33}, den Kopplungsfaktor des Longitudinaleffektes folgende Gleichung:

$$k_{33} = \frac{d_{33}}{\sqrt{s_{33}^E \cdot \varepsilon_{33}^T}} \tag{3.5}$$

Der Kopplungsfaktor beschreibt die Fähigkeit eines Piezoaktors, elektrische

Energie in mechanische umsetzen zu können. Da k^2 dem Verhältnis der gespeicherten mechanischen Energie zur aufgenommenen elektrischen Energie entspricht, sind für Piezoaktoren mit hoher Ausdehnungseffizienz Piezomaterialen mit großem Kopplungsfaktor k erforderlich, so daß die aufgebrachte elektrische Energie gut genutzt wird. Doch darf k^2 nicht als elektromechanischer Wirkungsgrad betrachtet werden, da in den zu seiner Herleitung verwendeten Gleichungen keine Verluste (Umsetzung in Wärme) berücksichtigt sind. Die nicht umgesetzte elektrische Energie wird in manchen Fällen auch zurückgewonnen, da sie bei Umwandlung von elektrischer in mechanische Energie z.B. in Form von elektrischer Ladung erhalten bleibt.

Für die Berechnung von Piezoaktoren ist die Gleichung (3.4) nicht unbedingt erforderlich, bringt aber die bei der Ausdehnung eines Piezoaktors auftretenden Hystereseeffekte indirekt mit in die Berechnung ein. Mit Hilfe der Gleichungen (3.1) und (3.4) werden die polarisierende Feldstärke E und die Polarisation P des piezokeramischen Materials miteinander durch folgende Gleichung verknüpft:

$$D = \varepsilon_0 \cdot E + P \tag{3.6}$$

wobei

P...... Polarisation [C/m²],

ε_0........Dielektrizitätskonstante [F/m].

bezeichnen.

Die Polarisation P und die elektrische Verschiebung D sind wiederum Funktionen von E und zeigen die von den Ferromagnetika bekannten Hystereseerscheinungen, wie in *Bild 3-7* dargestellt wird. Wegen der Zusammenhänge :

$$P = D - \varepsilon_0 \cdot E \tag{3.7}$$

und

$$D = \varepsilon \cdot E \qquad \text{(bei } d=0\text{)} \tag{3.8}$$

unterscheiden sich die Kennlinien $P(E)$ und $D(E)$ in *Bild 3-7* lediglich um den Ausdruck $\varepsilon_0 \cdot E$.

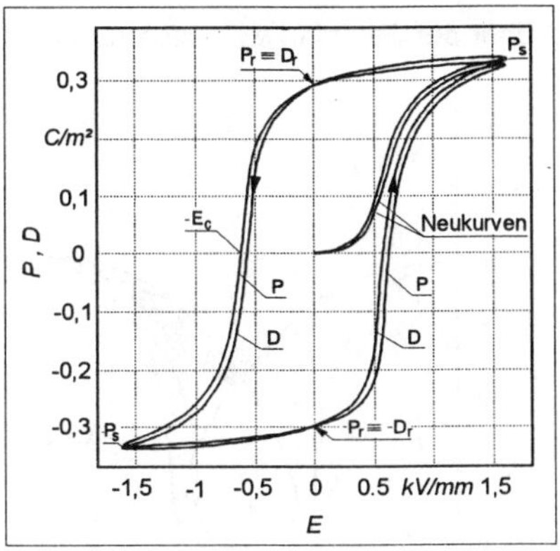

Bild 3-7 : Dielektrische Hystereseerscheinungen von PXE 52 /P2/.

Durch Anlegen eines ansteigenden Feldes an einen noch nicht polarisierten Material (Probe) PXE52 bei einer hinreichend hohen Temperatur orientieren sich die Dipolmomente der Kristallite in die Feldrichtung, wie bereits in den *Bildern 3-3* und *3-4* beschrieben. Die Zustandspunkte der Hysteresekennlinien *P(E)* und *D(E)* folgen dem in Bild 3-7 als Neukurve bezeichneten Kurvenzug. Charakteristische Kurvenpunkte sind die Sättigungspolarisation P_S ($-P_S$), die bei genügend großem elektrischen Feld ereicht wird und mit der spontanen Polarisation in den Weiß'schen Bereichen praktisch identisch ist, die eingeprägte remanente elektrische Polarisation P_r ($-P_r$) (ergibt sich beim abschalten des Feldes) und die Koerzitivfeldstärke $-E_c$, bei der das Material durch Anlegen eines Gegenfeldes die ganze Polarisation verliert. Durch weitere Erhöhung des Gegenfeldes ergibt sich nun eine Polarisation in der Gegenrichtung, bis sich die entsprechende Sättigungspolarisation $-P_S$ einstellt. Im Remanenzpunkt sind *D* und *P* wegen $E=0$ identisch ($D_r \equiv P_r$). Durch Anlegen eines Feldes in der ursprünglichen Richtung gelangt man wieder zur Sättigungspolarisation P_S, allerdings jetzt auf einem Kurvenzug, der sich von der Neukurve deutlich unterscheidet.

Die Polarisierung des Piezomaterials durch das Anlegen einer elektrischer Feldstärke führt zu einer Ausdehnung des Piezomaterials. Entsprechend der nichtlinearen Feldstärkeabhängigkeit der Polarisation im Verlauf der ferroelektrischen Hysterese zeigt diese induzierte Deformation wiederum Hystereseerscheinungen, wie in *Bild 3-8* gezeigt wird, in dem die relative Dehnung $S_3(E)$

des Materials PXE52 über der Feldstärke *E* aufgetragen ist.

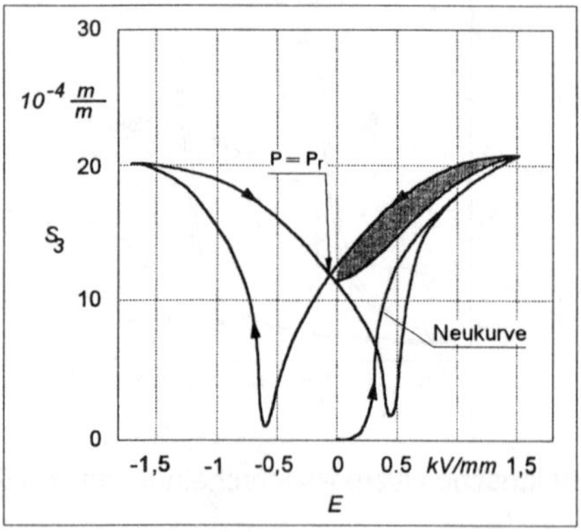

Bild 3-8 : Deformationsverhalten des Piezomaterials PXE52 /P2/.

Nach dem Abschalten der elektrischen Feldstärke verbleibt das Material im remanenten polarisierten Zustand P_r . In diesem Zustand verhält sich das Material piezoelektrisch - wenn die positive Feldstärke wieder eingeschaltet wird, beschreibt die Dehnung des Materials die allgemein bekannte Hysteresekurve, die in *Bild 3-8* schattiert präsentiert ist. Wenn man ein solches Element als Aktuator im Arbeitspunkt P_r benutzen will, sollten vorzugsweise positive elektrische Felder bzw. Spannungen angewandt werden, d.h. Felder oder Spannungen mit solchem Vorzeichen, welche die bereits vorhandene Polarisation noch weiter erhöhen. Die Höhe ist lediglich durch die Durchschlagfestigkeit der Piezokeramik begrenzt. Negative elektrische Felder sollten jedoch, wie auf den *Bildern 3-7* und *3-8* zu sehen ist, auf kleine Werte beschränkt bleiben, weil das Material sonst umpolarisiert wird und so nicht mehr die Anforderungen erfüllt.

3.2 Bauformen der Piezoaktuatoren

Piezoelektrische keramische Aktuatoren werden in verschiedenen Bauformen hergestellt. Grundsätzlich kann man Piezoaktuatoren in zwei Kategorien klassifizieren, wie in *Bild 3.9* dargestellt wird.

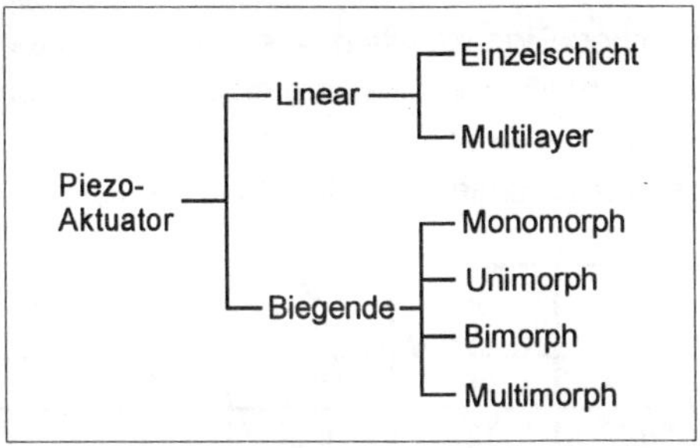

Bild 3-9 : Klassifikation der Piezoaktuatoren /T1/.

Lineare Piezoaktuatoren, die den longitudinalen Piezoeffekt ausnutzen, werden in verschidenen Bauformen wie Stapeltranslatoren, Streifentranslatoren und Röhrchentranslatoren (Tubi) hergestellt. Biegende Piezoaktuatoren nutzen den transversalen Piezoeffekt aus. Es werden grundsätzlich zwei Bauformen, wie Biegeelemente und Disktranslatoren (Biegescheiben) produziert.

Multilayer und Bimorph Pizoaktuatoren sind die am häufigsten angewendeten Bauweisen und werden in *Bild 3-10* dargestellt.

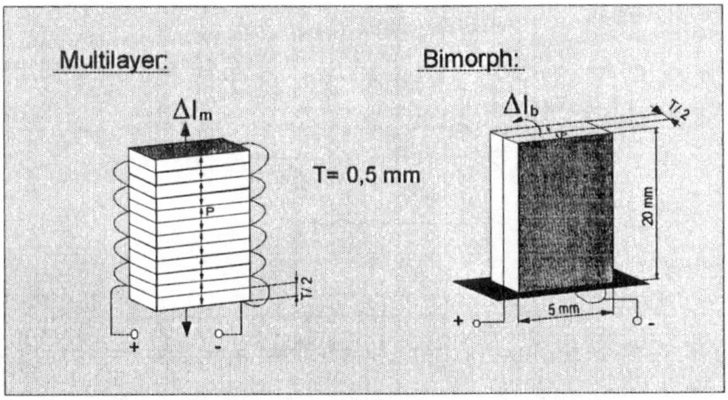

Bild 3-10 : Am häufigsten angewendete Piezoaktobauformen.

Der Multilayer Stapeltranslator ist aus vielen keramischen dünnen Plättchen zusammengebaut (geklebt). Die Dehnung Δl_m erfolgt parallel zur Polarisationsachse. Das bimorphe Biegeelement besteht aus zwei keramischen Platten. Unter der Wirkung der elektrischen Spannung expandiert eine Keramikplatte, während die andere kontrahiert (Biegedehnung Δl_b).

Die elektromechanischen Eigenschaften, wie die elektrische Eingangsenergie *UE,* die umgewandelte mechanische Energie *UM,* der Kopplungsfaktor k^2, die Dehnung Δl, Kraft *F* und die Resonanzfrequenz f_0 der in *Bild 3-10* dergestellten Aktuatoren und ihre Abmessungen zeigt folgende Tabelle in *Bild 3-11.*

	UE [x 10^{-7} J]	UM [x 10^{-7} J]	k^2 [%]	Δl [µm]	F [N]	f_0 [kHz]
Multilayer	1927	891	46	5	38	89
Bimorph	1927	125	6,5	138	0,18	0,59

Bild 3-11 : Elektromechanische Eigenschaften /T1/.

Durch den Vergleich der elektromechanischen Eigenschaften beider Piezoaktuatoren kann man erkennen, daß der linearer Multilayer Stapeltranslator mehrere Vorteile besitzt. Kennzeichnend für den piezoelektrischen Längseffekt, der bei piezoelektrischen Stepeltranslatoren genutzt wird, ist die Parallelität von Kraft- und Polarisationsrichtung, wie in *Bild 3-12* am Beispiel einer Piezoscheibe gezeigt wird.

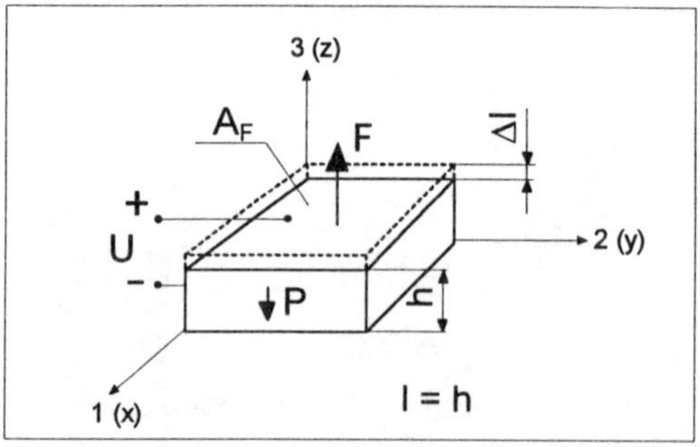

Bild 3-12 : Piezoelektrischer Längseffekt an einer Piezoscheibe.

Wegen des kleinen Ausdehnungsvermögens (0,1 bis 0,15% der Scheibendicke h *(t)* bzw. Baulänge *l*) der Piezoscheibe, ist eine Vergrößerung des Hubs durch eine mechanische Serienschaltung vieler Piezoscheiben in einen Multilayer-Stapeltranslator möglich. Da die Kraft proportional zum Quotienten A_F / h ist, lassen sich große Kräfte durch dünne, großflächige Piezoelemente erreichen. Der prinzipielle Aufbau eines piezoelektrischen Multilayer-Stapeltranslator wird in *Bild 3-13* gezeigt.

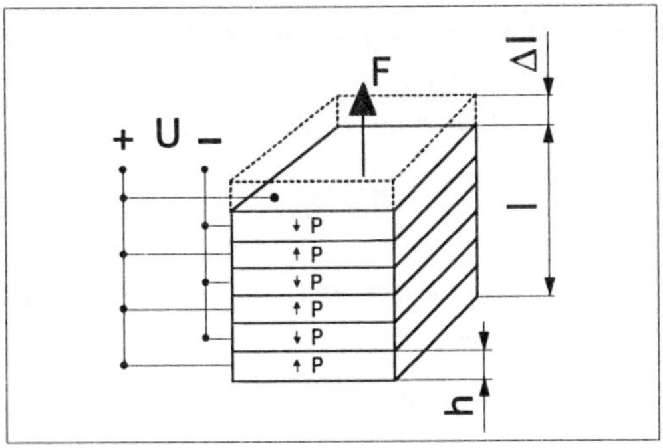

Bild 3-13 : Aufbau des Multilayer Stapeltranslators.

Charakteristische Merkmale der piezoelektrische Stapeltranslatoren werden in *Bild 3-14* dargestellt.

- Kraft- und Feldrichtung parallel.
- Druckbeanspruchung der Keramik.
- Vervielfachung des Hubs durch serielle Anordnung mehrerer Piezoelemente.
- Erhöhung der Kraft durch Vergrößerung des Quotienten A_F/ h.
- Ausdehnungsvermögen ca. 0,1 - 0,15 % der Baulänge.
- Keine Kompensation der thermischen Dehnung.

Bild 3-14 : Charakteristische Eigenschaften der Stapeltranslatoren.

3.3 Physikalische Grundlagen

In den nachfolgenden Gleichungen wird die in Kraftrichtung bzw. in Richtung der mechanischen Dehnung orientierte geometrische Abmessung mit *l* bezeichnet, während die zu den mit Ladungen beaufschlagten Flächen senkrecht stehende Abmessung (Scheibendicke) mit h bezeichnet wird (Bild 3-13). Unter Verwendung der Gleichung (3.3) und mit folgender Beziehung für die realtive Ausdehnung S,

$$S = \frac{\Delta l}{l} \tag{3.9}$$

läßt sich die Gleichung (3.3) für den Fall, daß die mechanische Belastung zu Null wird, wie folgt ausdrücken:

$$\frac{\Delta l}{l} = d_{xy} \cdot E \tag{3.10}$$

Da sich der Piezotranslator analog zu einem elektrischen Kondensator verhält, läßt sich die elektrische Feldstärke E mit Hilfe der elektrischen Spannung U und des Abstandes der Ladungsflächen (Materialdicke) h, folgendermaßen ausdrücken:

$$E = \frac{U}{h} \tag{3.11}$$

Mit Hilfe dieser Umformung läßt sich die Gleichung (3.10) umstellen:

$$\Delta l = \frac{l}{h} \cdot d_{xy} \cdot U \tag{3.12}$$

Der Kopplungsfakor k_{xy} läßt sich, wie in Gleichung (3.5) beschrieben, für die elektromechanische Wandlung in Form der folgenden Beziehung ausdrücken:

$$k_{xy}^2 = \frac{W_m}{W_e} \tag{3.13}$$

Die elektrische Energie kann über die anliegende Spannung U und die Dielektrizitätszahl ε_{xy}, in Analogie zu einem Kondensator, folgendermaßen ausgedrückt werden:

$$W_e = \frac{C \cdot U^2}{2} = \frac{\varepsilon_{xy} \cdot \varepsilon_o \cdot A_Q \cdot U^2}{2 \cdot h} \tag{3.14}$$

ε_o .... Dielektrizitätskonstante ($0{,}885419 \cdot 10^{-11}$ F/m).

Die mechanische Energie W_m des Stapeltranslators berechnet sich aus der mechanischen Auslenkung Δl und der mechanischen Steifigkeit c_P zu:

$$W_m = \frac{c_P \cdot \Delta l^2}{2} \tag{3.15}$$

Unter Verwendung von Gleichung (3.10) und der im folgenden aufgeführten Beziehung für die Steifigkeit c_P,

$$c_P = \frac{A_F}{l \cdot s^E_{xy}} \tag{3.16}$$

läßt sich die Gleichung (3.15) wie folgt umschreiben:

$$W_m = \frac{A_F \cdot l \cdot d^2_{xy} \cdot U^2}{2 \cdot h^2 \cdot s^E_{xy}} \tag{3.17}$$

Aus der Beziehung in Gleichung (3.16) folgt, daß die Bedingung für kleine Steuerspannungen, die minimale Aktuatorlänge l und damit auch der minimale Elektrodenabstand h (*Bild 3.13*), bei einem Stapeltranslator automatisch auf eine große Steifigkeit des Piezotranslators führt. Andererseits wird bei Stapeltranslatoren, die aus vielen Piezoscheiben zusammen gesezt oder geklebt sind, die Steifigkeit des Translators wegen der höheren Elastizitätszahl s_{xy} und der hohen Zahl der Fugen verringert, wie aus der Beziehung in Gleichung (3.16) folgt. Unter Verwendung der Gleichungen (3.13), (3.14) und (3.17), erhält man eine Beziehung, die den Kopplungsfaktor k_{xy} mit der piezoelektrischen Ladungskonstante d_{xy} verknüpft:

$$d_{xy} = k_{xy} \cdot \sqrt{\varepsilon_0 \cdot \varepsilon_{xy} \cdot s^E_{xy}} \tag{3.18}$$

Mit Hilfe der Gleichung (3.18) läßt sich der in Gleichung (3.12) dargestellte Zusammenhang folgendermaßen ausdrücken:

$$\Delta l = \frac{l}{h} \cdot k_{xy} \cdot \sqrt{\varepsilon_0 \cdot \varepsilon_{xy} \cdot s^E_{xy}} \cdot U \tag{3.19}$$

Die Gleichung (3.19) beschreibt die Dehnung des unbelasteten Piezoelements in Abhängigkeit von den Materialkenngrößen ε_0, ε_{xy}, $s^E{}_{xy}$, den geometrischen Größen l und h sowie der Spannung U.

Zur Ermittlung der vom Piezoelement aufgebrachten Maximalkraft (Blockierkraft) F_{max} läßt sich, ausgehend von der Gleichung (3.20)

$$F_{max} = T \cdot A_F \tag{3.20}$$

und unter Benutzung der Gleichungen (3.3), (3.11) und (3.18), für den Spezialfall $\Delta l / l = 0$ (≡ max. Kraft), die folgende Beziehung herleiten:

$$F_{max} = \frac{A_F}{h} \cdot k_{xy} \cdot \sqrt{\frac{\varepsilon_0 \cdot \varepsilon_{xy}}{s_{xy}^E}} \cdot U \tag{3.21}$$

Aus den Gleichungen (3.19) und (3.21) kann mit Hilfe der rechnerisch ermittelten Grenzwerte für die maximale Kraft (Klemmkraft) und die maximale Dehnung (unbelasteter Zustand) eines Stapeltranslators ein Arbeitsdiagramm erstellt werden (*Bild 3-15*). Mit seiner Hilfe gelingt die einfache Ermittlung der zwischen den Grenzwerten liegenden Arbeitspunkte des Stapeltranslators.

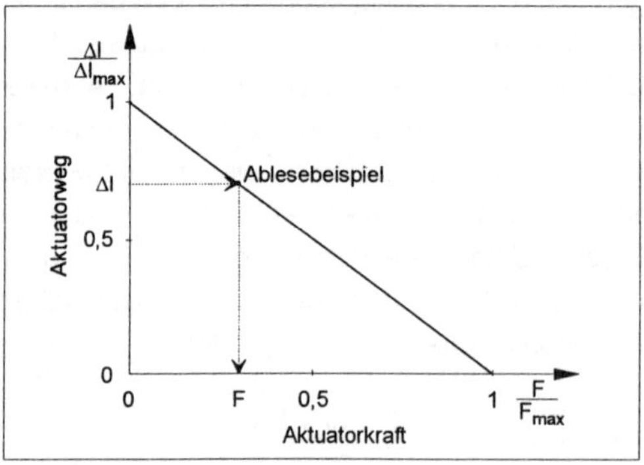

Bild 3-15 : Arbeitsdiagramm eines piezoelektrischen Stapeltranslators.

In Analogie zu dem Kondesator folgt aus der Gleichung (3.14) für die Kapazität der Piezoscheibe die Beziehung /J1/:

$$C = \frac{\varepsilon_{xy} \cdot \varepsilon_0 \cdot A_Q}{h} \tag{3.22}$$

Aufgrund seines kapazitiven Verhaltens nimmt ein Piezoaktuator nur während des Ausdehnungsvorgangs elektrische Energie auf. Im stationären Betrieb fließt ein vernachlässigbar geringer Verluststrom (µA-Bereich), was eine untere Grenzfrequenz im µHz-Bereich nach sich zieht. Jede Längenänderung ist mit einer Ladungsverschiebung und somit mit einem Strom i verbunden:

$$i = C \cdot \frac{du}{dt} \tag{3.23}$$

Für Konstantstromsteuerung folgt aus dieser Gleichung die Zeitdauer zum Aufbau der Spannung U am Piezoaktuator:

$$t = C \cdot \frac{U}{I} \tag{3.24}$$

Diese Zeitspanne verhält sich direkt proportional zur Kapazität des Aktuators und umgekehrt proportional zum Steuerstrom. Die Beziehung ist sehr wichtig für die Auslegung der erforderlichen Steuerelektronik, vgl. Abschnitt 5.6. Im oberen Frequenzbereich wirkt der Aktuator (massebehaftet und mit der Steifigkeit c_P), als schwach gedämftes PT_2-Glied mit der Eigenfrequenz:

$$f_o = \frac{1}{2\pi} \cdot \sqrt{\frac{c_P}{m_{eff}}} \tag{3.25}$$

wobei die effektiv bewegte Masse m_{eff} bei einseitiger Befestigung des Aktuators, wie in Bild 3-16 präsentiert wird, zu betrachten ist.

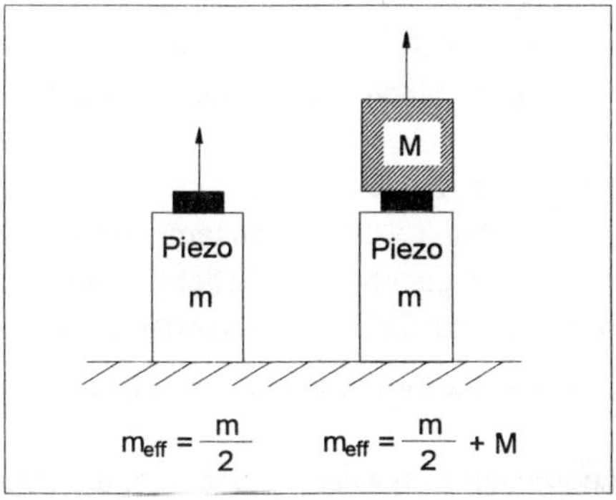

Bild 3-16 : Die effektive bewegte Masse eines Piezoaktuators /P1/.

Für schnelle Awendungen, wie die Ventilsteuerung, besonders in Schaltventilen, wo sehr kurze Ansprechzeiten erwünscht sind, treten sehr hohe Beschleunigungskräfte (Bechleunigungen bis zu *30 km/s²*) auf, die sowohl als Druck- wie auch als Zugkräfte wirken. Bei einem sinusförmigen Betrieb mit der Frequenz *f* und der Ausdehnug Δl wirken folgende Spitzenkräfte:

$$F_{dyn} = \pm(2 \cdot \pi \cdot f)^2 \cdot \frac{\Delta l}{2} \cdot m_{eff} \qquad (3.26)$$

Die Zugkräfte müssen durch eine mechanische Vorspannung des Multilayer-Stapeltranslators, der aus vielen dünnen Piezoscheiben zusammengeklebt ist, kompensiert werden, um eine Beschädigung des Stapels zu verhindern.

3.4 Ausdehnung des piezoelektrischen Stapeltranslators

Die Ausdehnung Δl eines piezoelektrischen Stapeltranslators läßt sich aufgrund der Gleichung (3.3) und unter Berücksichtigung der Gleichungen (3.16) und (3.20) wie folgt ausdrücken:

$$\Delta l = E \cdot d_{xy} \cdot L_o + \frac{F}{c_P} \qquad (3.27)$$

Falls auf den Stapeltranslator keine äußeren Kräfte wirken, tritt keine elastische Verformung auf und der zweite Summand in der Gleichung (3.27) entfällt. Die Ausdehnung wird dann durch die endliche maximale Feldstärke (*1 bis 2 kV/mm*) begrenzt, mit der der Stapeltranslator betrieben werden kann, ohne durch Spannungsüberschläge beschädigt zu werden.

Unter der Wirkung einer äußeren Druckkraft wird der Stapeltranslator entsprechend der Gleichung (3.27) zusammengedrückt, da er einen elastischen Körper mit einer gegebenen Steifigkeit darstellt. Bei der Belastung eines Translators müssen zwei Fälle unterschieden werden:

- Die Belastung bleibt während des Ausdehnungsvorgangs konstant (*F=konst.*).
- Die Belastung ändert sich während des Ausdehnungsvorgangs (*F=F(Δl)*).

Im ersten Fall (*Bild 3-17*) ist die Belastung eine konstante Kraft, die z.B. durch eine Masse, die auf dem Stapeltranslator liegt, erreicht wird. Das piezoelektrische Ausdehnungsvermögen wird dadurch nicht beeinflußt, lediglich der Nullpunkt des Stellbereichs um den Betrag ΔL_N verschoben:

$$\Delta L_N = \frac{F}{c_P} \tag{3.28}$$

Die Nennausdehnung des piezoelektrischen Stapeltranslators wird durch statische Belastung (Kraft) nicht verkleinert /P1/.

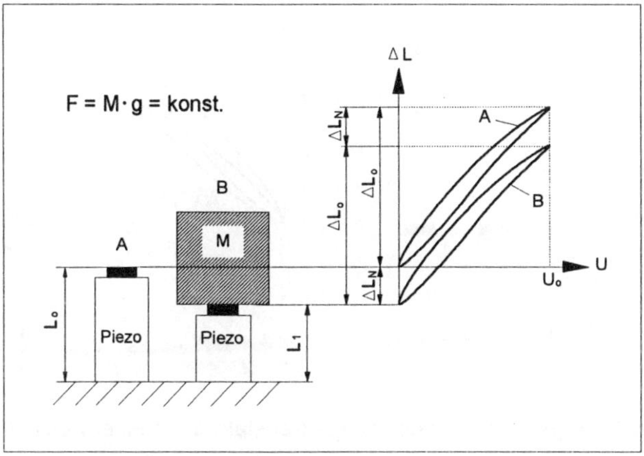

Bild 3-17 : Belastung eines Stapeltranslators mit konstanter Kraft.

Im zweiten Fall wirkt auf den Stapeltranslator eine wegabhängige Kraft (*Bild 3-18*). Dazu zählen alle Anwendungen, bei denen der piezoelektrische Stapeltranslator gegen eine Feder, einen Festkörper oder ein kompressibles Fluid drückt. Die entgegenwirkende Kraft wird um so größer, je mehr sich der Translator ausdehnt. Wie die Gleichung (3.29) beschreibt, wird die Dehnung des Aktuators, die er beim Betrieb mit seiner maximalen elektrischen Feldstärke ausführen kann, um so kleiner, je steifer die Einspannung, d.h. je größer ihre Federsteifigkeit c_F ist.

$$\Delta L = \Delta L_o \cdot \frac{c_P}{c_P + c_F} \tag{3.29}$$

Ein Teil (ΔL_R) der durch den Piezoeffekt erzeugten Längenänderung wird durch die Elastizität des Stapeltranslators wieder zusammengedrückt, wie in Gleichung (3.30) ausgedrückt und in *Bild 3-18* dargestellt:

$$\Delta L_R = \Delta L_o \cdot \left(1 - \frac{c_P}{c_P + c_F}\right) \tag{3.30}$$

ΔL_o stellt die ohne äußere Krafteinwirkung erreichbare Längenänderung des Stapeltranslators dar.

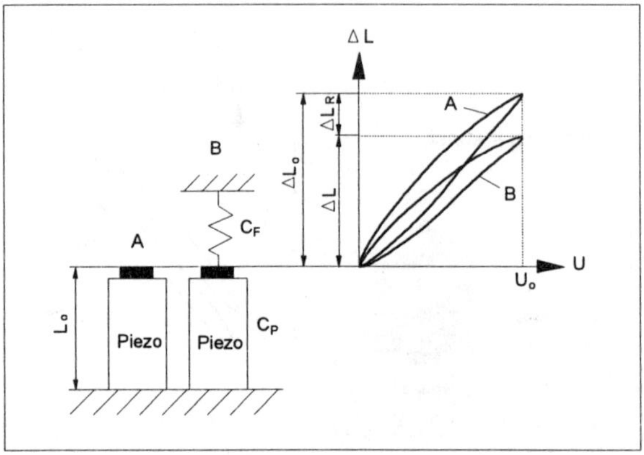

Bild 3-18 : Belastung eines Stapeltranslators mit einer Feder /P1/.

4 Hybride Piezoaktuatoren

4.1 Piezoelektrischer Stapeltranslator

Um eine effektive Anwendung des piezoelektrischen Stapeltranslators für die direkte Ansteuerung fluidtechnischer Servoventile realisieren zu können, muß die Ausdehnung des Stapeltranslators mindestens einige Zehntel Millimeter betragen. Derart große Ausdehnungen können mit "langen" Stapeltranslatoren erreicht werden, jedoch erweist sich die Anwendung dieser "langen" Stapeltranslatoren sowohl aus ökonomischen als auch aus anwendungstechnischen Gründen als unpraktisch. Das Ausdehnungsvermögen der heutigen Stapeltranslatoren beträgt ca. *0,1 bis 0,15 %* der Stapelhöhe. Das heißt, um einen Stellweg von *0,5 mm* zu erreichen, müßte ein Stapeltranslator zwischen *300 und 500 mm* lang sein.

Vor allem hat die Anwendung eines derartigen Translators eine Vergrößerung der elektrischen Kapazität zur Folge und damit auch einen größeren Verbrauch von elektrischer Energie, wenn man hohe Arbeitsfrequenzen d.h. kurze Ansprechzeiten des Aktuators bzw. Servoventils erreichen will. Gleichzeitig verringert sich die mechanische Steifigkeit dieses Translators und vergrößert die Knickgefahr. Letztendlich bedeutet ein langer Translator für die Ventilkonstruktion ein großes Bauvolumen, was für die praktische Ausführung eines Ventils nicht akzeptabel ist, zumal die Kosten mit wachsender Baulänge ebenfalls stark ansteigen.

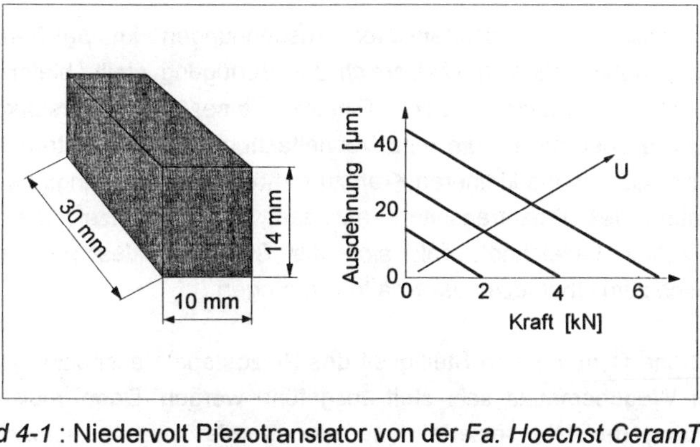

Bild 4-1 : Niedervolt Piezotranslator von der *Fa. Hoechst CeramTec.*

Deshalb erscheint die Verwendung eines kürzeren Piezotranslators mit einer hohen Steifigkeit, d.h. hoher Stellkraft und kleinerem Stellweg, sinnvoller. In *Bild 4-1* und *4-2* wird ein piezoelektrischer Stapeltranslator der *Firma Hoechst CeramTec* mit seinen statischen Eigenschaften dargestellt, der in der entwickelten Aktuator- und damit in der Ventilkonstruktion verwendet wird. Das Piezoelement, bestehend aus vielen dünnen Keramikschichten, weist bei einer Steuerspannung von $U = 200\ V$ eine Ausdehnung bis $\Delta l = 45\ \mu m$ im Leerlauf und eine maximale Klemmkraft von $F_{max} = 6{,}5\ kN$ auf. Es besitzt ein Volumen von $10x14x30\ mm^3$, eine Steifigkeit von $c_P = 160\ N/\mu m$ und relativ kleinen Temperaturausdehnugskoeffizient.

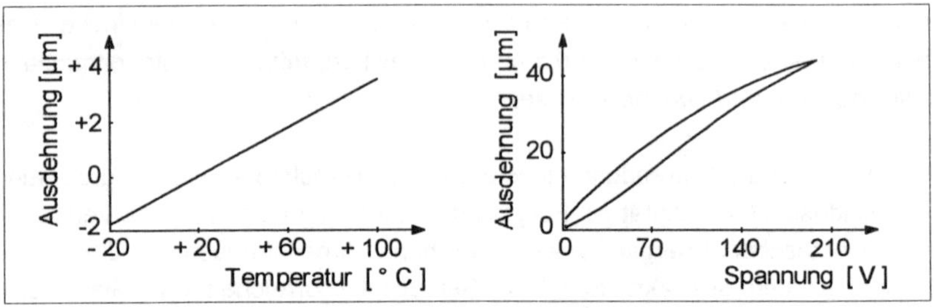

Bild 4-2 : Temperatur- und Hysteresecharakteristik des Piezotranslators.

4.2 Prinzipien zur Wegvergrößerung

Da der verwendete Piezotranslator Ausdehnungen im *µm-Bereich und* gleichzeitig hohe Kräfte in *kN-Bereich* zur Verfügung stellt, bietet sich aus ökonomischen Gründen der Einsatz eines Wegverstärkers zur Stellwegvergrößerung an, um eine Vervielfachung der Translatorausdehnung bei einer entsprechend kleineren Kraft zu ermöglichen. Allerdings bewirkt eine Kombination des Piezotranslators mit dem Wegübersetzer, die man mit Hybridaktuator bezeichnet, daß sich die Steifigkeit des Piezotranslators quadratisch zum Übersetzungsverhältnis verringert.

Um die hohe Dynamik und Steifigkeit des Piezostapels ausnutzen zu können, muß der Wegübersetzer sehr steif ausgeführt werden. Dabei muß die Trägheitswirkung der Übersetzerteile so niedrig wie möglich sein. Bei einer nachgiebigen Übersetzungsstufe verformen sich einerseits die Teile bei Belastung des Ausganges und verkleinern dadurch den Nutzstellweg, andererseits verringern sich die erreichbaren Beschleunigungen am Abtrieb. Die Steifigkeit des Stapeltranslators und seine hohe Dynamik kommen nicht zum Tragen. Da die Resonanzfrequenz des gesamten Stellantriebs, der aus dem Stapeltranslator und der Übersetzungsstufe besteht, durch die Trägheitswirkung und die Steifigkeit der Bauteile festgelegt wird, bedeutet ein weicher Wegübersetzer eine niedrige Gesamtresonanzfrequenz. Die erreichbare Dynamik des kompletten Stellantriebes wird durch diese Größe charaktererisiert.

4.2.1 Prinzip der mechanischen Wegübersetzung

Ein mögliches Konzept für die Transformation von Weg und Kraft stellt ein mechanischer Wegübersetzer dar, wie es in *Bild 4-3* präsentiert wird.

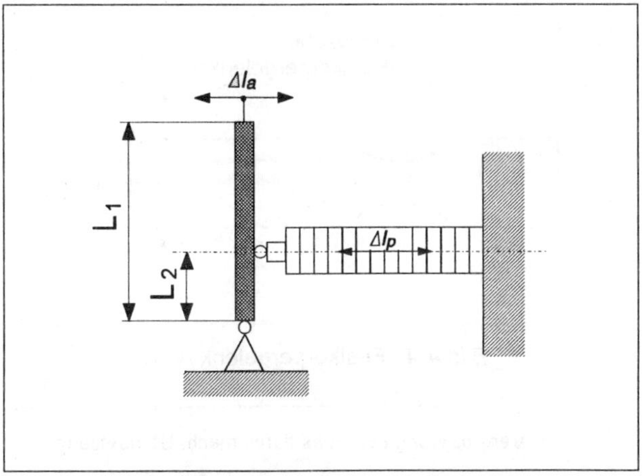

Bild 4-3 : Hybridaktuator mit mechanischem Wegübersetzer.

Eine Vergrößerung der Translatorausdehnung läßt sich *Bild 4-3* entsprechend folgendermaßen ausdrücken:

$$\Delta l_a = \Delta l_p \cdot \frac{L_1}{L_2} \tag{4.1}$$

Ein solches Hybridelement aus Piezotranslator und mechanischem Wegübersetzer beinhaltet einige Nachteile, die seinen Einsatz in einstufigen Servoventilen (die Schieberbauart) beschränken. Der mechanische Wegübersetzer muß eine hohe Steifigkeit aufweisen, um eine hohe Dynamik zu erzielen. Gleichzeitig müssen aber auch sehr enge Toleranzen oder sogar spielfreie Lagerungen sichergestellt werden, um sehr kleine Auslenkungen im *µm-Bereich* zu bewerkstelligen. Von diesem Standpunkt aus ist durch die mechanische Übersetzung eine Vergrößerung des Stellbereiches nur bis zu einem *Faktor 10* sinnvoll.

Um ein derartiges Hybridelement aufzubauen ist eine Konstruktion mit Festkörpergelenken (Biegezonen), wie in *Bild 4-4* dargestellt wird, vorteilhaft, weil die elastischen Gelenkpunkte kleine Winkeländerungen spielfrei weiterleiten können.

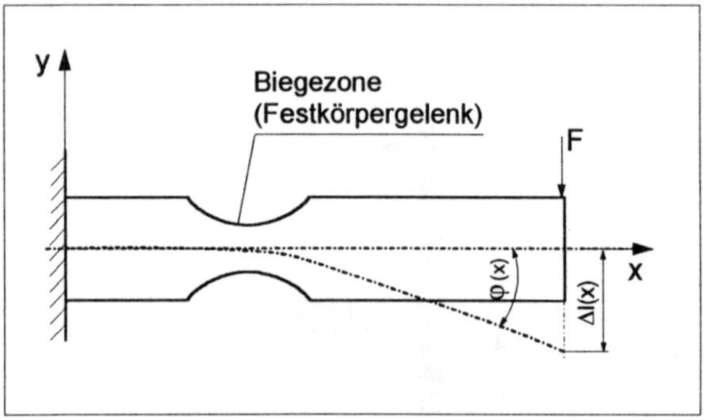

Bild 4-4 : Festkörpergelenk /W2/.

- Vergrößerung des Hubs durch mech. Übersetzung.
- Beschränkung der Übersetzung durch notwendige Spielfreiheit und Steifigkeit des Systems auf den Faktor 10.
- Aufwendige, kostspielige Fertigung.
- Kompensation der thermischen Dehnung problematisch.

Bild 4-5 : Eigenschaften des mechanischen Hybridaktuators.

Ein Konstruktionsproblem stellt die Eigenschaft dar, daß die thermische Dehnung des Translators gleichermaßen, wie die Auslenkung aufgrund des Piezoeffektes, übersetzt wird. In *Bild 4-5* sind einer Tabelle die Eigenschaften des mechanischen Hybridaktuators zusammengefaßt.

4.2.2 Prinzip der hydraulischen Wegübersetzung

Für die Ansteuerung eines einstufigen Servoventils mit Piezotranslatoren erscheint ein Konzept mit hydraulischer Wegübersetzung am sinnvollsten, weil damit größere Wegübersetzungen und Stellwege im *mm-Bereich* möglich sind. Durch Verschließen eines Ölvolumens mit zwei Kolben unterschiedlicher Flächen läßt sich eine Hubvergrößerung bei gleichzeitiger Reduzierung der erzeugten Kraft realisieren, wobei der Transformationsfaktor vom Flächenverhältnis der Kolben bestimmt wird. Der Wegübersetzer arbeitet nach dem Prinzip der hydrostatischen Presse, wie in *Bild 4-6* dargestellt wird.

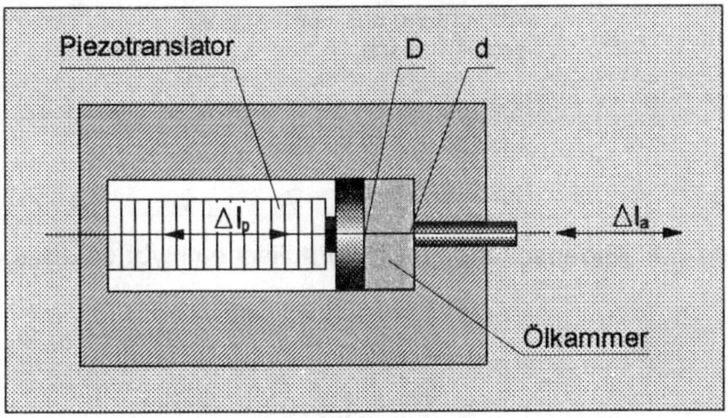

Bild 4-6 : Das Arbeitsprinzip des hydraulischen Wegübersetzers.

Dem *Bild 4-6* entsprechend läßt sich die Ausdehnung, die mit dem hydraulischen Wegübersetzer erreicht wird, wie folgt beschreiben:

$$\Delta l_a = \Delta l_p \cdot \left(\frac{D}{d} \right)^2 \tag{4.2}$$

Beim hydraulischen Wegübersetzer ist die Abdichtung des Ölvolumens zu beachten. Zwischen Kolben und Zylinder ist prinzipiell immer eine geringe Leckage vorhanden. Auch bei der Verwendung verschiedener Dichtungen tritt bei Relativbewegungen wegen der Spalte eine, wenn auch sehr geringe, Leckage auf. Diese Ölverluste müssen funktionsbedingt ersetzt werden. Beim Einsatz dieser Art Hybridaktuatoren in hydraulischen Schaltventilen /N2, W1/ läßt sich eine Ausgleichsmöglichkeit für das Leckölvolumen schaffen, was bei Anwendungen in pneumatischen und stetigen hydraulischen Ventilen nicht möglich ist. Aus diesem Grunde muß der hydraulische Wegübersetzer für diese Anwendungen leckagefrei ausgeführt werden. Im nachfolgenden *Bild 4-7* sind die charakteristischen Eigenschaften zusammengefaßt.

- Vergrößerung des Hubs durch hydr. Übersetzung.
- Übersetzungsmöglichkeit in der Größenordnung 10^2.
- Abdichtung des Ölvolumens problematisch.
- Kompensation der thermischen Dehnung problematisch.

Bild 4-7 : Eigenschaften des hydraulischen Hybridaktuators.

5 Entwicklung eines Piezoaktuators mit hydraulischer Wegübersetzung

5.1 Aufbau und Funktionsprinzip

Anhand der Ausführungen in den vorangegangenen Kapiteln und nach den Erkenntnissen über piezoelektrische Stapeltranslatoren und ihre Angemessenheit als Aktuatoren zur Ansteuerung fluidtechnischer Ventile wurde ein Prototyp des Piezoaktuators zur Betätigung eines hydraulischen Servoventils der Nenngröße *NG 6* entwickelt. Der Piezoaktuator setzt sich aus zwei Hauptbestandteilen zusammen:

- Niedervolt - Piezotranslator,
- Hydraulischer Wegübersetzer.

Die schematische Darstellung des Piezoaktuators mit dem hydraulischen Wegübersetzer wird in *Bild 5-1a* präsentiert.

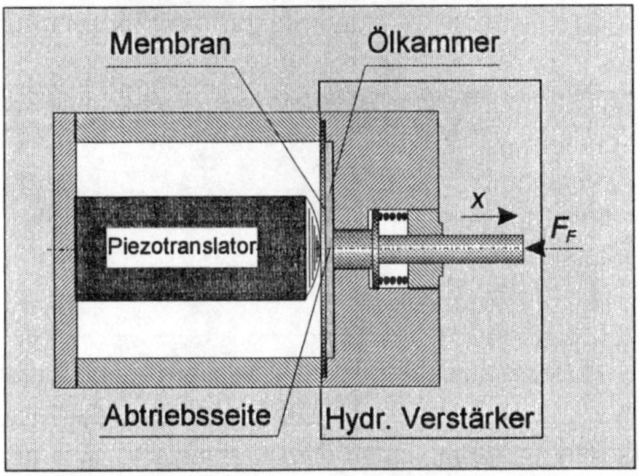

Bild 5-1a : Piezoaktuator mit hydraulischem Wegübersetzer.

Das Herzstück des Prototyps bildet der Niedervolt-Hochlast-Piezotranslator mit den Eigenschaften, wie in Kapitel 4.1 beschrieben. Das Arbeitsprinzip der hydraulischen Wegübersetzung beruht auf der Volumenkonstanz einer geschlossenen, mit Hydrauliköl gefüllten Kammer. Das Prinzip der Wegübersetzung wurde in Kapitel 4.2.2 dargestellt.

Für ein besseres Verständnis des *Bildes 5-1a* soll das Funktionsprinzip des Piezoaktuators näher erklärt werden. Legt man an den Piezotranslator ein elektrisches Feld, d.h. eine elektrische Spannung, so dehnt sich dieser proportional zum angelegten Feld aus und drückt auf die große Fläche der Metallmembran. Die Deformation der Metallmembran verursacht einen Öldruckanstieg in der geschlossenen Kammer. Überwiegt die Druckkraft auf dem kleinen Kolben die Federkraft F_F auf der anderen Seite des Kolbens, setzt sich dieser in Bewegung.

Bei der Entwicklung des Prototyps wurde das Ziel verfolgt, die Außenmaße des Aktuators zu minimieren. Nach einigen Varianten ist ein Prototyp mit den Außenmaßen *60 x 60 x 90 mm³* entstanden. *Bild 5-1b* zeigt den Piezoaktuator mit hydraulischem Wegübersetzer.

Bild 5-1b: Piezoaktuator mit hydraulischem Wegübersetzer.

Der mechanischen Einbau des Piezotranslators erfordert besondere Aufmerksamkeit, da er trotz seiner massiven Bauweise sehr bruchempfindlich ist. Ein Stapeltranslator darf nur axial belastet werden. Kipp- und Scherkräfte sind zu vermeiden. Nur eine geeignete Vorspannung der Keramiksäule führt zu einer begrenzten Aufnahmefähigkeit von Querkräften. Beim Einbau zwischen zwei Ebenen, muß die Parallelität der beiden Ebenen und ebenso der Keramiksäule gewährleistet werden. Jeder Winkelfehler führt zu hohen Kantenbelastungen und kann den Bruch der Keramiksäule zur Folge haben.

Hohe dynamische Belastungen verursachen auch hohe Zugkräfte. Um den Piezotranslator vor Bruch zu schützen, muß eine geeignete interne Vorspannung des Translators erfolgen, da nur so eingebaute Piezotranslatoren Zugkräfte unbeschadet aufnehmen können.

- **Hermetisch abgeschlossenes Ölvolumen**

Um eine stetige Verstellung des Ventilschiebers des hydraulischen oder pneumatischen Servoventils sicherzustellen, wird das Ölvolumen des hydraulischen Wegverstärkers funktionsbedingt hermetisch abgedichtet (*Bild 5-2*). Für die Ausführung der Antriebsseite wird eine kreisrunde Metallmembran verwendet, während die Abtriebsseite mit Hilfe eines Metallbalges ausgeführt wird.

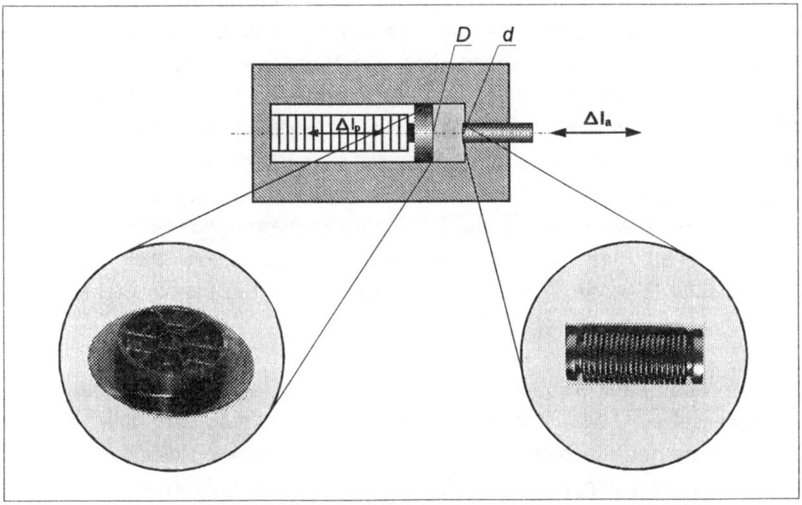

Bild 5-2 : Hermetische Abdichtung des Ölvolumnens.

5.2 Antriebsseite des Wegübersetzers - Membran

Der verwendete Piezotranslator, wie in *Bild 4-1* dargestellt, kann nur kleine Hübe in *μm-Bereich* verwirklichen. Da auch eine Membran für kleine Hübe besonders geeignet ist, bietet sich die Kombination des Piezotranslators mit einer Membran als Antrieb des hydraulischen Wegübersetzers an. Insbesondere ist die Membran, die Dynamik betreffend, sehr geeignet. Aufgrund der geringen bewegten Masse sind Trägheitskräfte selbst bei schnellen Stellvorgängen sehr niedrig. Die Membran ermöglicht auch die hermetische Abdichtung der Verstärkerkammer gegen den Aktuatorraum. Deswegen ist ein zutritt von Fremdluft unmöglich. Ein weiterer Vorteil der Membran liegt darin, daß selbst bei schlecht schmierenden Fördermedien keine tribologischen Probleme zu erwarten sind, da keine aufeinander gleitenden Teile vorhanden sind.

Jedoch darf man die Kraftnebenwirkung der Membran, die den Wirkungsgrad des Piezotranslators und damit auch des ganzen Piezoaktuators entscheidend beeinflußt, nicht vernachlässigen. Die Membran stellt für den Stapeltranslator eine wegabhängige Belastung dar, deswegen verringert sich die durch den Piezoeffekt erzeugte Längenänderung des Piezotranslators um den Betrag, wie er in Gleichung (3.30) ausgedrückt wurde. Der Piezotranslator und die Membran müssen aus diesem Grunde exakt aufeinander angepaßt werden. Eine zu steife Membran stellt für den Translator eine unnötig große Kraftnebenwirkung dar und reduziert daher dessen Stellweg und Stellkraft zu stark. Wählt man eine zu weiche Membran, verringert sich wegen ihre Nachgiebigkeit das verdrängte Ölvolumen und somit die erreichbare hydraulische Energie. Das hat Verluste am erreichbaren Stellweg des hydraulischen Wegübersetzers zur Folge.

Die Membran stellt also einen sehr wichtigen Bestandteil des hydraulischen Wegübersetzers und des gesamten Piezoaktuators dar. Die effektive Ausdehnung des Piezotranslators und die Wegverstärkung des hydraulischen Wegübersetzers hängen zum größten Teil von der Membran ab. Aus diesem Grunde muß bei der Entwicklung des Piezoaktuators und besonders des hydraulischen Wegübersetzers der Entwicklung und Optimierung der Membran sehr große Aufmerksamkeit geschenkt werden. Dabei müssen die Membraneigenschaften so ausgewählt werden, daß die Biegelinie der Membran eine optimale Form annimmt, auch wenn der Druck in der Verstärkerkammer ansteigt. Gleichzeitig muß aber die Membran so weich sein, daß sich die Ausdehnung des Piezotranslators nicht wesentlich verringert.

5.2.1 Theoretische Grundlagen zur Membranberechnung

Die Biegeeigenschaften der Membran hängen im wesentlichen von ihrer Dicke im Vergleich zu ihren anderen Dimensionen ab. Wenn die Durchbiegung w der Membran im Vergleich zu ihrer Dicke t_M sehr klein ist, kann eine approximative Theorie der Membranbiegung bei lateraler Belastung der Membran verwendet werden. Diese Theorie muß unter Annahme der Theorie für Platten mit kleinen Auslenkungen betrachtet werden /T2/.

Betrachtet wird eine kreisrunde, am Außendurchmesser D_A eingespannte Flachmembran der Dicke t_M (*Bild 5-3)*. Am Innendurchmesser D_I wird vom Piezotranslator eine Last F_P aufgebracht. Auf der gegenüberliegenden Seite wirkt der Öldruck als Flächenlast.

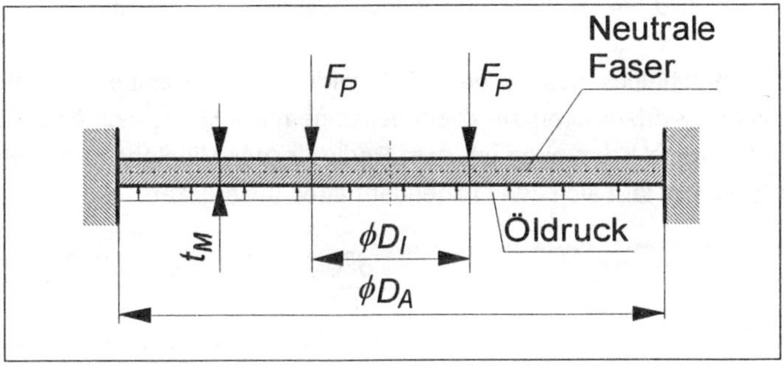

Bild 5-3 : Kreisrunde Flachmembran mit ihren Abmessungen.

Entsprechend der Theorie für dünne Platten mit kleinen Auslenkungen, wird die Membran unter der Voraussetzung, daß die neutrale Faser nicht deformiert, d.h. gedehnt wird, sondern neutral bleibt, betrachtet. Zweckmäßigerweise werden Polarkoordinaten r und φ bzw. r und θ eingeführt (*Bild 5-4*). Damit ist die Lage eines beliebigen Punktes A auf der Plattenmittelfläche durch seinen Abstand r und sein dazugehörigen Koordinatenwinkel φ bzw. θ festgelegt. Im Falle einer rotationssymmetrischen Belastung und Auslenkung der kreisrunden Membran wird auch die Durchbiegung rotationssymmetrisch und eine Funktion nur des Abstandes r oder des Koordinatenwinkels φ. Dies gilt auch für alle anderen Größen, welche den Spannungs- und Formänderungszustand der Membran kennzeichnen.

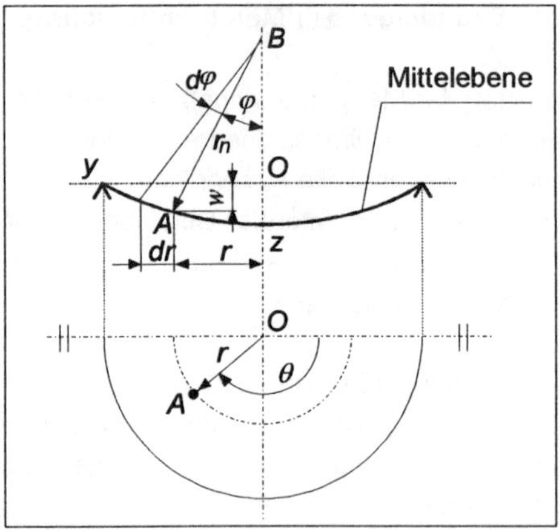

Bild 5-4 : Koordinatenbezeichnungen an der Membran.

Unter Betrachtung des *Bildes 5-4* wird die maximale Steigung der durchbiegenden Membran an jedem beliebigem Punkt *A* gleich dem Ausdruck *-dw/dr*. Die erste Krümmung mit dem Radius r_n der Mittelebene der Membran in der Ebene *yz* läßt sich dann folgendermaßen ausdrücken:

$$\frac{1}{r_n} = -\frac{d^2 w}{dr^2} = \frac{d\varphi}{dr} \tag{5.1}$$

Die zweite Krümmung der Mittelebene der Membran liegt in der Ebene, die durch die Normale *AB* und senkrecht zur Ebene *yz* verläuft. Dabei stellt die Länge *AB* den Radius r_t der zweiten Krümmung dar:

$$\frac{1}{r_t} = -\frac{1}{r} \cdot \frac{dw}{dr} = \frac{\varphi}{r} \tag{5.2}$$

Die Annahme einer rotationssymmetrischen Durchbiegung der Membran ermöglicht eine wesentliche Vereinfachung der Differentialgleichungen des Formänderungs- und Spannungszustandes der Membran. Unter dieser Voraussetzung kann eine kreisrunde Membran mit Hilfe gewöhnlicher (nichtlinearer) Differentialgleichungen beschrieben werden /G1, L1, T2/. Zur Herleitung der grundlegenden Differentialgleichungen werden Moment- und Kräfteverhältnisse an einem differentiellen Membranelement betrachtet (*Bild 5-5*).

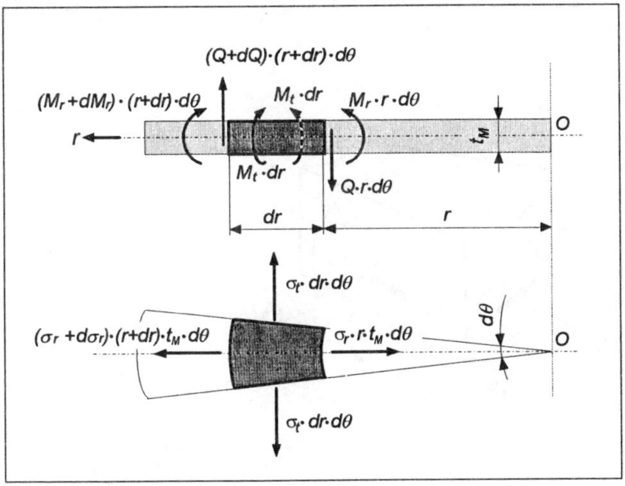

Bild 5-5 : Moment- und Kräftegleichgewicht am infinitesimal kleinen Membranelement.

Mit dem Index *t* wird die tangentiale Richtung, d.h. die Richtung θ, definiert. Bei Vernachlässigung von Differentialen höherer Ordnung ergibt sich nach *Bild 5-5* für die Membran folgendes Gleichgewicht der Momente:

$$M_r + \frac{dM_r}{dr} \cdot r - M_t + Q \cdot r = 0 \tag{5.3}$$

Die pro Längeneinheit bezeichneten Biegemomente M_r und M_t sind über die in den Membranquerschnitten wirkenden Biegespannungen $\sigma_{b,r}$ und $\sigma_{b,t}$ nach *Bild 5-6* folgendermaßen definiert:

$$M_r = \int_{-\frac{t_M}{2}}^{+\frac{t_M}{2}} \sigma_{b,r} \cdot z \cdot dz \tag{5.4}$$

$$M_t = \int_{-\frac{t_M}{2}}^{+\frac{t_M}{2}} \sigma_{b,t} \cdot z \cdot dz \tag{5.5}$$

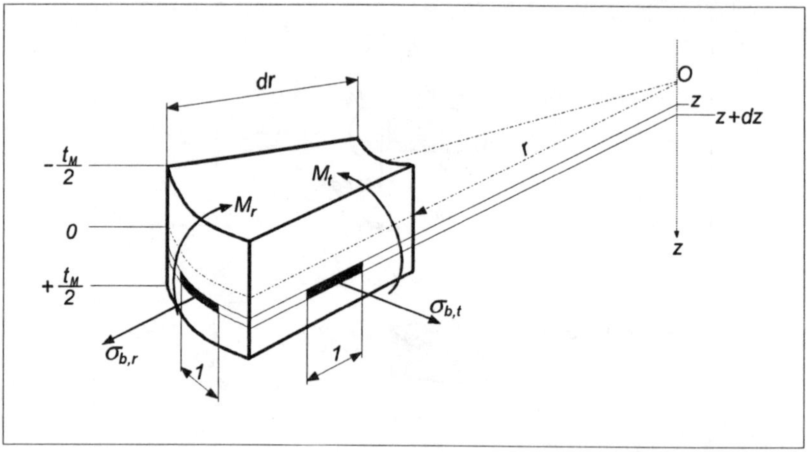

Bild 5-6 : Biegemomente und Spannungen in den Membranquerschnitten.

Die Biegemomente in den Gleichungen (5.4) und (5.5) können unter Verwendung der Theorie der kleinen Auslenkungen und durch die Hauptkrümmungen der Membran in den Gleichungen (5.1) und (5.2) wie folgt ausgedrückt werden:

$$M_r = -D \cdot \left(\frac{d^2 w}{dr^2} + \frac{\nu}{r} \cdot \frac{dw}{dr} \right) = D \cdot \left(\frac{d\varphi}{dr} + \frac{\nu}{r} \cdot \varphi \right) \tag{5.6}$$

$$M_t = -D \cdot \left(\frac{1}{r} \cdot \frac{dw}{dr} + \nu \cdot \frac{d^2 w}{dr^2} \right) = D \cdot \left(\frac{\varphi}{r} + \nu \cdot \frac{d\varphi}{dr} \right) \tag{5.7}$$

Dabei ist D das Widerstandsmoment der Membran, das folgendermaßen definiert wird:

$$D = \frac{E \cdot t_M^3}{12 \cdot (1 - \nu^2)} \tag{5.8}$$

Unter Verwendung der Gleichungen (5.3), (5.6) und (5.7) ergibt sich die Differentialgleichung der Biegelinie der Membran:

$$\frac{d^3w}{dr^3}+\frac{1}{r}\cdot\frac{d^2w}{dr^2}-\frac{1}{r^2}\cdot\frac{dw}{dr}=\frac{Q}{D} \tag{5.9}$$

oder in der vereinfachten Form:

$$\frac{d}{dr}\left[\frac{1}{r}\cdot\frac{d}{dr}\cdot\left(r\cdot\frac{dw}{dr}\right)\right]=\frac{Q}{D} \tag{5.10}$$

Die Bezeichnung Q stellt die jeweilige Belastung der Membran pro Längeneinheit dar. Wenn die Belastung mit der Intensität q gleichmäßig über die ganze Fläche verteilt ist, kann man die Größe Q der Scherkraft am Abstand r vom Zentrum der Membran folgendermaßen definieren:

$$Q=\frac{q\cdot r}{2} \tag{5.11}$$

Für eine Druckbelastung gilt dann:

$$Q=\frac{p\cdot r}{2} \tag{5.12}$$

Für den Fall einer Gesamtschnittlast im Abstand r vom Zentrum der Membran läßt sich Q wie folgt ausdrücken:

$$Q=\frac{F_P}{2\cdot\pi\cdot r} \tag{5.13}$$

Für die Lösung der Differentialgleichung (5.10) der Biegelinie $w(r)$ müssen die Randbedingungen für die außen eingespannte kreisrunde Membran definiert werden. Am Rande der festeingespannten Membran (*Bild 5-7*) hat die Biegelinie und auch ihre Ableitung den Wert Null. Aus Symmetriegründen ist auch die Ableitung der Biegelinie in der Membranmitte Null. Daraus ergeben sich folgende Randbedingungen:

$$w(r=r_A)=0 \tag{5.14}$$

$$\dot{w}(r=r_A)=0 \tag{5.15}$$

$$\dot{w}(r=0)=0 \tag{5.16}$$

Wenn der Außenrand der Membran fest eingeklemmmt ist und in einem Abstand r_i vom Zentrum der Membran eine Gesamtschnittlast F_P in Richtung z wirkt und gleichzeitig der Druck p gleich Null ist, läßt sich für das Intervall $r_A > r \geq r_i$ die Biegelinie der Membran (*Bild 5-7*) nach dreifacher Integration der Gleichungen (5.9) oder (5.10) folgendermaßen ausdrücken:

$$w(r) = \frac{F_P \cdot r_A^2}{16 \cdot \pi \cdot D} \cdot \left[\left(1 + \frac{r_i^2}{r_A^2}\right) \cdot \left(1 - \frac{r^2}{r_A^2}\right) + \frac{r_i^2 + r^2}{r_A^2} \cdot 2 \cdot \ln \frac{r}{r_A} \right] \tag{5.17}$$

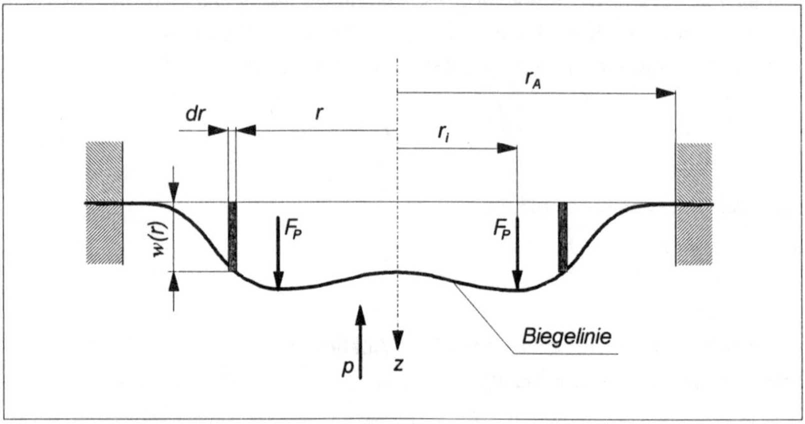

Bild 5-7 : Am Außenrand fest eingespannte Membran.

Für das Interval $r_i \geq r \geq 0$ ergibt sich für die Biegelinie folgende Gleichung:

$$w(r) = \frac{F_P \cdot r_A^2}{16 \cdot \pi \cdot D} \cdot \left[\left(1 + \frac{r^2}{r_A^2}\right) \cdot \left(1 - \frac{r_i^2}{r_A^2}\right) + \frac{r_i^2 + r^2}{r_A^2} \cdot 2 \cdot \ln \frac{r_i}{r_A} \right] \tag{5.18}$$

Für den Fall, daß die Gesamtschnittlast F_P gleich Null ist und nur der Druck p als gleichmäßig verteilte Last auf die Membran wirkt, wie aus *Bild 5-7* ersichtlich, läßt sich die Biegelinie der Membran nach der dreifachen Integration der Gleichung (5.10) berechnen:

$$w(r) = \frac{p}{64 \cdot D} \cdot \left(r_A^2 - r^2\right)^2 \tag{5.19}$$

Wie aus *Bild 5-7* ersichtlich, kann man die Biegelinie der Membran für eine kombinierte Last, bestehend aus Schnitt- und Drucklast, durch Superposition der Gleichungen (5.17), (5.18) und (5.19) berechnen. Die Membrandurchbiegung an der Stelle, an der die Schnittlast F_P auf die Membran vom Piezotranslator (wegabhängige Kraft) aufgebracht wird ($r = r_i$), ist gleich dem Piezotranslatorhub x_P. Die Gleichung der Superposition beider Lastfälle läßt sich durch folgende Gleichung darstellen:

$$w(r = r_i) = x_P = \frac{F_P}{c_M} - \frac{p \cdot A_M}{c_M + c_P} \tag{5.20}$$

wobei die Bezeichnung F_P der Piezotranslatorkraft entspricht und sich folgendermaßen beschreiben läßt:

$$F_P = c_M \cdot \frac{c_P}{c_P + c_M} \cdot x_{PU} \tag{5.21}$$

Die Bezeichnung c_M in Gleichung (5.20) stellt die wirksame Membransteifigkeit (Federsteifigkeit) dar. Sie verursacht die Kraftnebenwirkung der Membran auf den Piezotranslator und verkleinert damit seine Ausdehnung. Die Membransteifigkeit läßt sich mit Hilfe der Gleichung (5.17) folgendermaßen ausdrücken:

$$c_M = \left(\frac{r_A^2}{16 \cdot \pi \cdot D} \cdot \left(1 - \frac{r_i^4}{r_A^4} + 4 \cdot \frac{r_i^2}{r_A^2} \cdot \ln \frac{r_i}{r_A} \right) \right)^{-1} \tag{5.22}$$

Die effektive druckbelastete Membranfläche A_M ergibt sich aus den Gleichungen (5.19) und (5.20) in dem Fall, in dem keine Schnittlast auf die Membran wirkt:

$$A_M = \frac{c_M}{64 \cdot D} \cdot \left(r_A^2 - r_i^2 \right)^2 \tag{5.23}$$

Bei der Betrachtung der Durchbiegung der Membran muß allerdings zwischen einer wegabhängigen und einer konstant auf die Membran wirkenden Kraft unterschieden werden. Im Falle einer konstanten Kraft F ergibt sich für die Stelle $r = r_i$ die Gleichung (5.20) in folgender Form:

$$w(r = r_i) = x_P = \frac{1}{c_M} \cdot (F - p \cdot A_M) \tag{5.24}$$

Eine Wegvergrößerung, die auf der Volumenkonstanz der eingeschlossenen, mit Hydrauliköl gefüllten Kammer basiert, ist im hydraulischen Verstärker (*Bild 5.1a*) nur dann möglich, wenn die Membran ein gewisses Ölvolumen verdrängt. Dabei wird auf die Membran eine dynamische Piezotranslatorkraft ausgeübt:

$$F_{dyn} = c_M \cdot \left(x_P - x_{P_{eff}}\right) - A_M \cdot \left(p - p_{dyn}\right) \tag{5.25}$$

wobei mit x_{Peff} der Piezotranslatorhub im Ruhezustand unter der Membraneinspannung und Druckwirkung bezeichnet wird:

$$x_{P_{eff}} = \frac{1}{c_P + c_M} \cdot \left(c_P \cdot x_{P0} - A_M \cdot p\right) \tag{5.26}$$

Das von der Membran verdrängte Ölvolumen $V_{MÖl}$ wird ebenfalls mit Hilfe der Biegelinie der Membran bestimmt. Betrachtet wird in *Bild 5-7* das schattierte Rohr mit dem Radius *r*, der Dicke *dr* und der Höhe *w(r)*. Das verdrängte Ölvolumen ergibt sich als Integral dieser Teilvolumnia über den gesamten Membranradius:

$$V_{MÖl} = \int_0^{r_A} 2 \cdot \pi \cdot r \cdot w(r) \cdot dr \tag{5.27}$$

Die mechanischen Belastungen der Membran entstehen aufgrund der Biegemomente in radialer und tangentialer Richtung. Mit Hilfe der Biegelinie *w(r)* und der Gleichungen (5.6) und (5.7) ergeben sich nach /T2/ Radialspannung σ_r und Tangentialspannung σ_t :

$$\sigma_r = \frac{6 \cdot M_r}{t_M^2} \tag{5.28}$$

$$\sigma_t = \frac{6 \cdot M_t}{t_M^2} \tag{5.29}$$

5.2.2 Membranoptimierung und Vergleich mit FEM-Berechnung

Mit Hilfe der zuvor beschriebenen theoretischen Grundlagen läßt sich die Biegelinie einer kreisrunden Membran bestimmen. In *Bild 5-8* ist der Verlauf der Biegelinie in Abhängigkeit vom Radius (*Bild 5-7*) der Flachmembran mit dem Außendurchmesser *50 mm* und der Dicke *0,5 mm* dargestellt. Die Ergebnisse der analytischen Berechnung werden mit den Ergebnissen einer Berechnung nach der Finite-Elemente-Methode (FEM) verglichen.

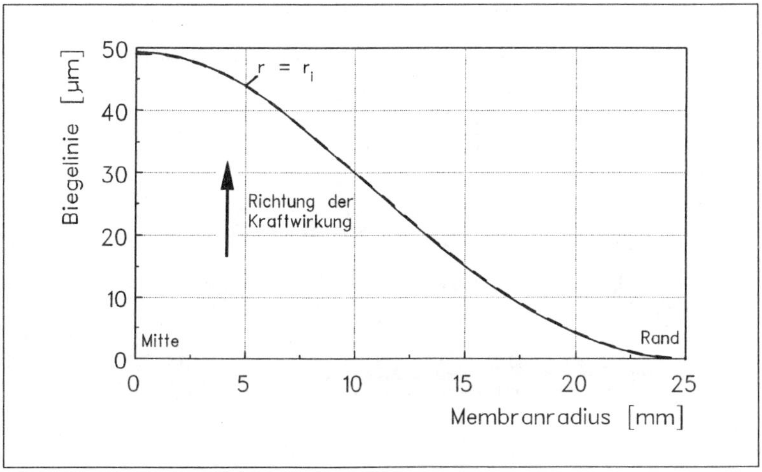

Bild 5-8 : Verlauf der Biegeline der Flachmembran.

Der Nennhub des Piezotranslators beträgt *44 µm* und wirkt mit einer mechanischen Steifigkeit von *160 N/µm* auf die Membranmittelfläche mit dem Durchmesser von *10 mm.* In Gegenrichtung wirkt in diesem Beispiel kein Öldruck. Die Ergebnisse zeigen, daß die Berechnungen nach beiden Methoden fast identisch sind. In *Bild 5-8* ist zu sehen, daß beiden Kurven den gleichen Verlauf haben. Die Durchbiegung der Membran erreicht in der Membranmitte ihr Maximum. An der Stelle, an der der Piezotranslator auf die Membran wirkt ($r = r_i$), ist die Biegelinie gleich dem Translatorhub, der sich aber wegen der Kraftnebenwirkung der Membran etwas verkleinert und den effektiven Wert erreicht. Da die Membransteifigkeit im Vergleich mit der Translatorsteifigkeit sehr klein ist, wird die Kraftnebenwirkung der Membran vernachläßigt.

Beim hydraulischen Wegübersetzer wirkt auf die Membran meist der Öldruck der abgeschlossenen Ölkammer. Dieser Druck kann als Vordruck oder auch als dynamischer Druck wirken. In beiden Fällen kann man seine Wirkung auf die Biegelinie der Membran nach den Gleichungen (5.20) bzw. (5.24) bestimmen. In *Bild 5-9* sind die Verläufe der Biegelinien für die gleichen Membraneigenschaften wie zuvor beschrieben, dargestellt. Die Membran wird einerseits vom Piezotranslator und in Gegenrichtung mit hydr. Druck (p=10 und 30 bar) belastet.

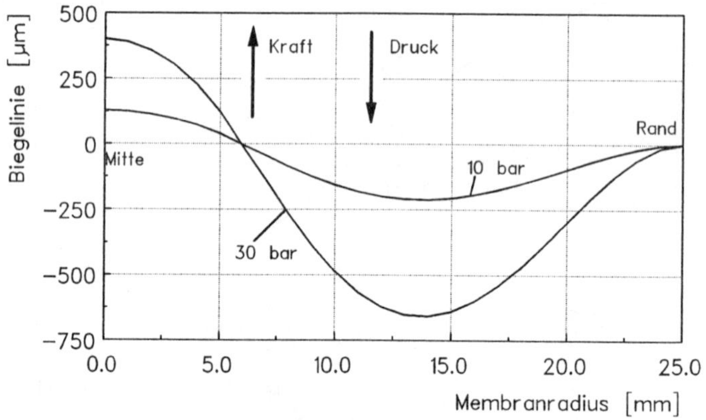

Bild 5-9 : Membran unter Piezo und Druckwirkung.

Wegen der großen Nachgiebigkeit der Membran wird der Verlauf der Biegelinien von der dominierenden Druckbelastung bestimmt. Im Bereich außerhalb der Piezowirkung wird die Membrandurchbiegung stark negativ. Dieses Effekt führt dazu, daß das ganze System, Piezoaktuator mit hydraulischem Wegübersetzer, sehr nachgiebig wird und deswegen nicht zur Ventilansteuerung geeignet ist. Ebenfalls führen durch große Deformationen generierte hohe Membranspannungen zum Membranbruch, was besonders im dynamischen Betrieb geschehen wird. In *Bild 5-10* ist der Verlauf der Membranspannungen für alle drei zuvor beschriebene Lastfälle der Membran dargestellt .

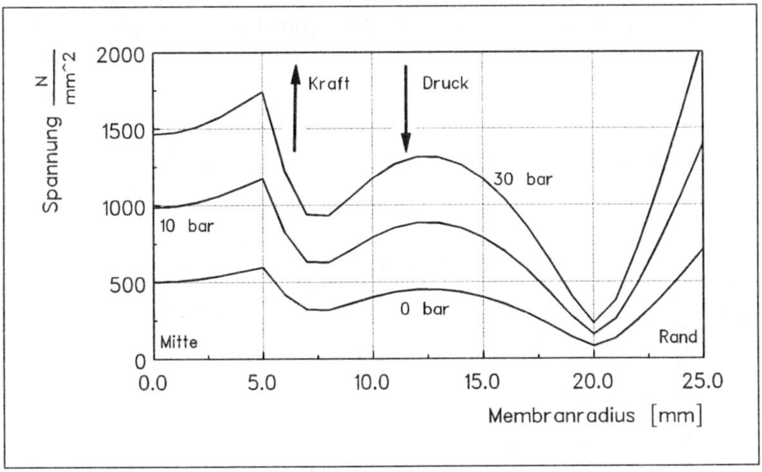

Bild 5-10 : Verlauf der Membranspannungen für verschiedene Lastfälle.

Beim hydraulischen Wegübersetzer, bei dem als Antriebsseite eine Membran eingesetzt wird, ist es erwünscht, mit einem möglichst kleinen Bauvolumen eine möglichst große Wegvergrößerung zu erreichen. Als Optimierungskriterium dient dabei der Übertragungsgrad des hydraulischen Wegübersetzers (siehe Gl. 5.30). Entscheidend ist das von der Membran verdrängte Ölvolumen, da die Wegvergrößerung auf der Volumenkonstanz basiert. Je größer das verdrängte Ölvolumen, desto höher die Wegverstärkung und damit auch der Übertragungsgrad. Das Widerstandsmoment der Membran, das mit der Membrandicke kubisch wächst, beeinflußt im wesentlichen die Federsteifigkeit der Membran. Bei einer zu weichen Membran macht sich deren Drucknachgiebigkeit störend bemerkbar und das verdrängte Ölvolumen wird kleiner. Bei einer zu steifen Membran wird ihre Kraftnebenwirkung zu hoch, was eine negative Wirkung auf den Translatorhub hat. Damit wird das verdrängte Ölvolumen verkleinert. Der Übertragungsgrad $\eta_{ü}$ wird als Quotient der erreichten hydraulischen Energie und der maximalen mechanischen Energie des Piezotranslators folgenderweise definiert:

$$\eta_{ü} = \frac{p_{dyn} \cdot V_{MÖl}}{\frac{c_P \cdot x_{PO}^2}{2}} \tag{5.30}$$

In *Bild 5-11* ist der Übertragungsgrad des hydraulischen Wegverstärkers als Funktion des Steifigkeitsverhältnisses c_m / c_P bei einem Öldruck von $p = 30\ bar$ dargestellt:

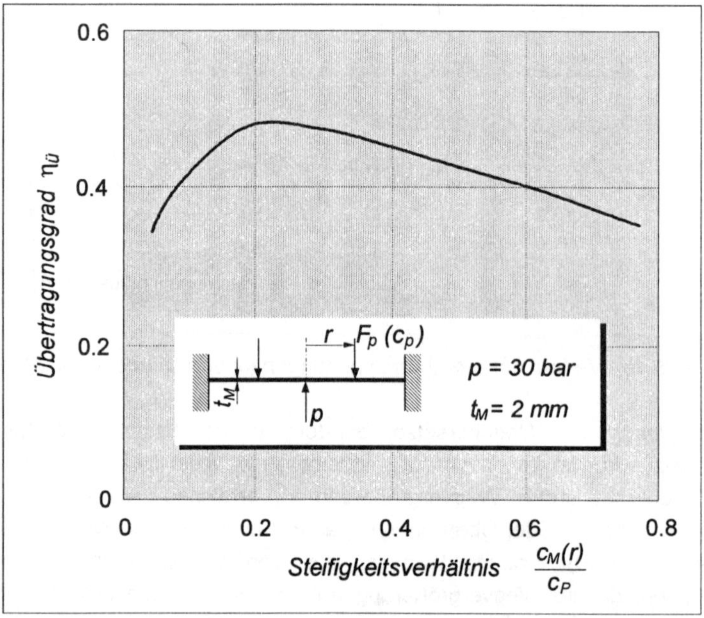

Bild 5-11 : Übertragungsgrad des Wegübersetzers als Funktion von c_m / c_P .

Der Übertragungsgrad erreicht ein Optimum bei einem Steifigkeitsverhältnis von $c_m / c_P = 0{,}23$. Unterhalb dieses Wertes nimmt der Übertragungsgrad sehr schnell ab. Deswegen sind sehr niedrige Steifigkeitsverhältnisse nicht sinnvoll. Der Sicherheitsfaktor S_B wird als das Verhältnis von Schwellfestigkeit σ_{sch} und maximaler mechanischer Biegespannung σ_{max} in der Membran definiert /L2/:

$$S_B = \frac{\sigma_{sch}}{\sigma_{max}} \tag{5.31}$$

In *Bild 5-12* ist der Übertragungsgrad des hydraulischen Wegübersetzers als Funktion des Kammerdruckes p für verschiedene Membrandicken t_M dargestellt.

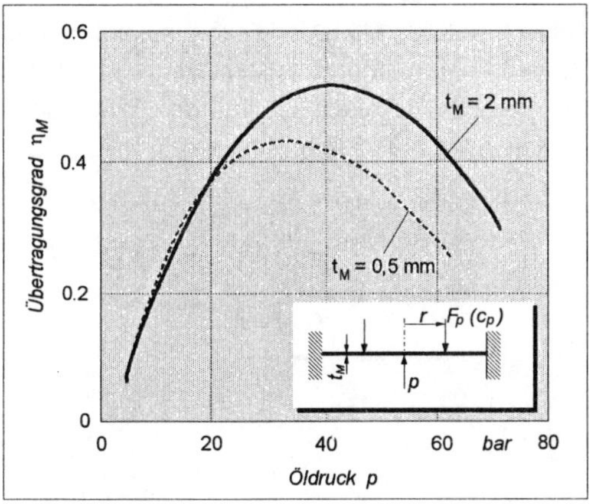

Bild 5-12 : Übertragungsgrad als Funktion des Kammerdruckes *p*.

Der Verlauf des Übertragungsgrades des hydr. Wegübersetzers in Abhängigkeit vom Radienverhältnis r_i / r_A zeigt *Bild 5-13*.

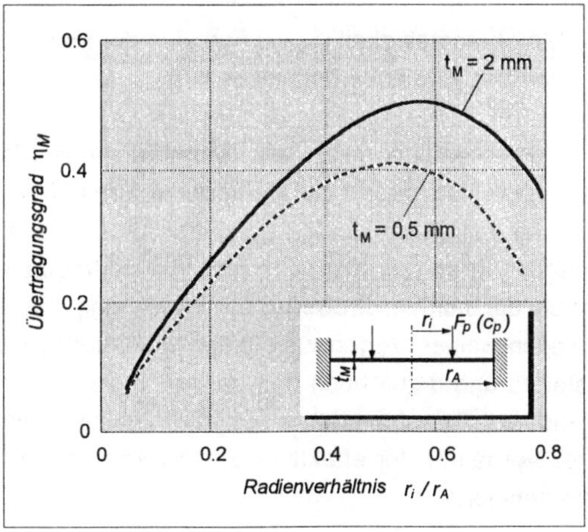

Bild 5-13 : Übertragungsgrad als Funktion des Radienverhältnisses.

Entscheidenden Einfluß auf die Membransteifigkeit c_m weisen die Membrandicke t_M und das Radienverhältnis r_i / r_A auf. Da das Widerstandsmoment *D* der Membran kubisch mit der Membrandicke zunimmt, verändert schon eine kleine Dickenänderung die Membransteifigkeit. In *Bild 5-14* wird die Abhängigkeit der Membransteifigkeit c_m von der Membrandicke t_M und von dem Radienverhältnis r_i / r_A präsentiert.

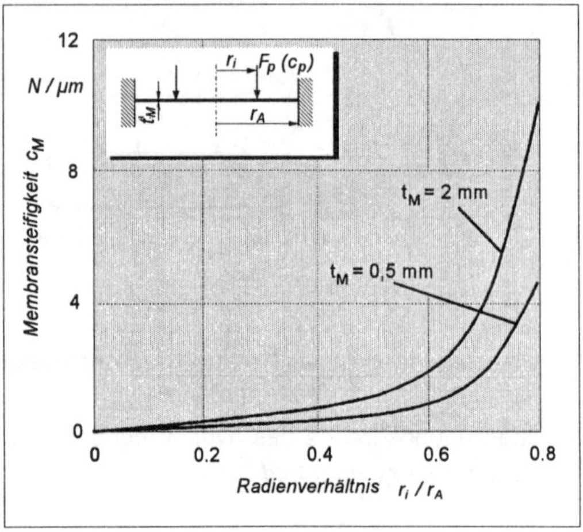

Bild 5-14 : Membransteifigkeit c_m als Funktion der Membrandicke t_M und des Radienverhältnisses r_i / r_A.

Ein größeres Widerstandsmoment der Membran und damit auch ihre Steifigkeit wirken einerseits gegen die Membranverformung durch den Öldruck und ermöglichen eine größere Verdrängung des Ölvolumens, was zu einem höheren Übertragungsgrad des hydraulischen Wegübersetzers führt. Andererseits beeinflussen die beiden Größen die Ausdehnung des Piezotranslators negativ, was wegen seiner Verformung einen niedrigeren Übertragungsgrad des Piezotranslators und damit auch des ganzen Systems zur Folge hat. Der Übertragungsgrad des Piezotranslators hängt von seiner aktiven Ausdehnung x_P ab und ist als Verhältnis der effektiven zur theoretischen Federenergie des Piezotranslators definiert:

$$\eta_{\ddot{U},T} = \frac{\dfrac{(c_M + c_P) \cdot x_P^2}{2}}{\dfrac{c_P \cdot x_{P0}^2}{2}} \qquad (5.32)$$

Bild 5-15 zeigt die Abhängigkeit des Übertragungsgrades des Piezotranslators vom Steifigkeitsverhältnis c_M / c_P.

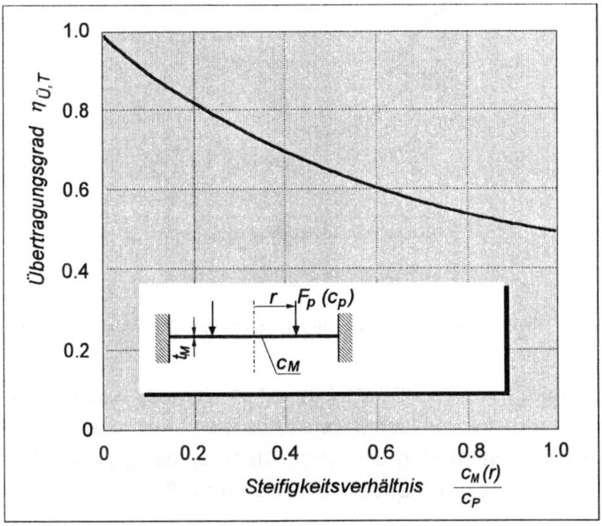

Bild 5-15 : Wirkungsgrad des Piezotranslators als Funktion von c_M / c_P.

5.2.3 FEM - Berechnung und Optimierung der Ringmembran

Die Form der Biegelinie der Membran beeinflußt entscheidend die Menge des verdrängten Öls. Um große Stellwege des Piezoaktuators zu erreichen, muß auch die Wegverstärkung möglichst groß sein. Dabei soll ein maximales Ölvolumen verdrängt werden. Mit einer kreisrunden Flachmembran ist es möglich, ein relativ kleines Ölvolumen zu verdrängen, da die Biegeline der Flachmembran auch bei der maximalen Ausdehnung des Piezotranslators stark von der optimalen Biegelinie abweicht. Eine Alternative zur Flachmembran stellt eine Ringmembran dar, die die Verdrängung eines größeren Ölvolumens ermöglicht. *Bild 5-16* zeigt die Form einer hypothetischen Biegelinie der Membran und den Vergleich zwischen den tatsächlichen, mit FEM berechneten Formen der Flach- und der Ringmembranbiegelinie.

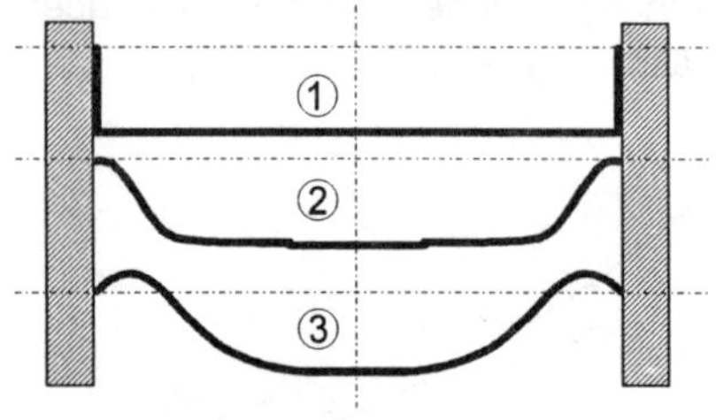

Bild 5-16 : Optimale und tatsächliche Biegelinienformen der Membran.

Die Ringmembran besitzt in der Mitte einen vergleichsweise massiven und somit als starr zu betrachtenden Bereich. Als Membran ist lediglich der Bereich zwischen dem Innenradius r_i und dem Außenradius r_A zu betrachten. Damit erreicht die Biegelinie eine nahezu optimale Form (*Bild 5-16*).

Auf derartige Membranformen lassen sich ebenfalls die zuvor dargestellten analytischen Verfahren anwenden. Dabei kann jedoch nicht der starre Bereich in der Membranmitte optimiert werden, was negative Folgen für die Menge des verdrängten Ölvolumens und ebenso auf die Dynamik des Übersetzers hat. Ebenfalls können die verschiedenen Übergangsformen zwischen dem starren und dem Membranbereich nicht berücksichtigt werden, was sich negativ auf Spannungsspitzen und Kerbwirkungen im Bereich des Innenradius und der Einspannstelle auswirkt.

Aus diesem Grund wird die Ringmembran näher mit einem FEM-Rechenprogramm untersucht und optimiert. Das FEM-Netzmodell einer möglichen optimal geformten Ringmembran ist in *Bild 5-17* dargestellt.

Eine spezielle Form des starren Bereiches mit radialen Rippen ermöglicht es, eine optimale Biegelinie der Membran zu erreichen. Dabei wird die Membransteifigkeit in einem Rahmen gehalten, der sich nicht nachteilig auf die Ausdehnung des Piezotranslators auswirkt. Das Foto der gefertigten Ringmembran wird in *Bild 5-18* gezeigt.

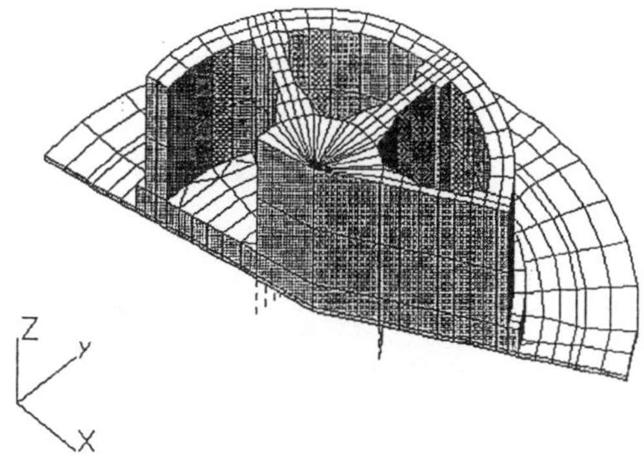

Bild 5-17 : FEM-Netzmodell der Ringmembran.

Bild 5-18 : Foto der gefertigten Ringmembran.

Der Verlauf der Biegelinie der dargestellten Ringmembran wird in *Bild 5-19* für den Lastfall, in dem von einer Seite der Membran die Piezokraft und von der anderen Seite der Druck *p = 35 bar* wirkt, gezeigt. Die von einer Seite der Membran eingeleitete Stellkraft des Piezotranslators und der von der anderen Seite wirkende Öldruck werden als statische Belastungen aufgebracht.

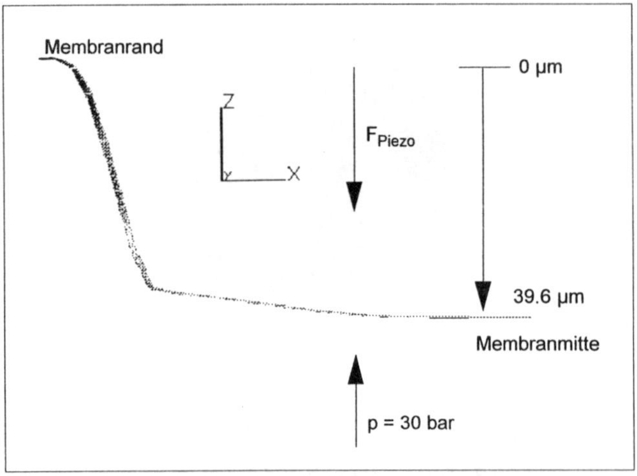

Bild 5-19 : Biegelinie der Ringmembran.

In *Bild 5-20* wird der Verlauf der Vergleichsspannung in der Membran dargestellt. Die Spannung ist im Vergleich zu Flachmembran deutlich niedriger. Die Membran erfährt wegen der starren Mitte das Spannungsmaximum an der Stelle, an der dieser starren Bereich endet.

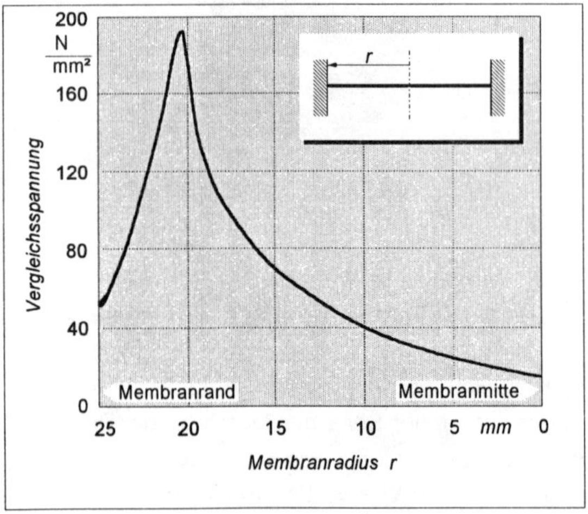

Bild 5-20 : Spannungsverlauf in der Ringmembran.

Ein Vergleich des Übertragungsgrades des hydraulischen Wegübersetzers als Funktion des Kammerdruckes p für eine Flachmembran der Dicke $t_M = 2\ mm$ und einer Ringmembran der Dicke $t_M = 0{,}5\ mm$ (*Bild 5-21*) läßt den Schluß zu, daß eine mit FEM optimierte Ringmembran eine effektivere Ausnutzung der Piezotranslatorausdehnung ermöglicht. In beiden Fällen sind die Membransteifigkeiten so gewählt, daß die erreichbaren effektiven Ausdehnungen x_{Peff} der Membranen gleich sind.

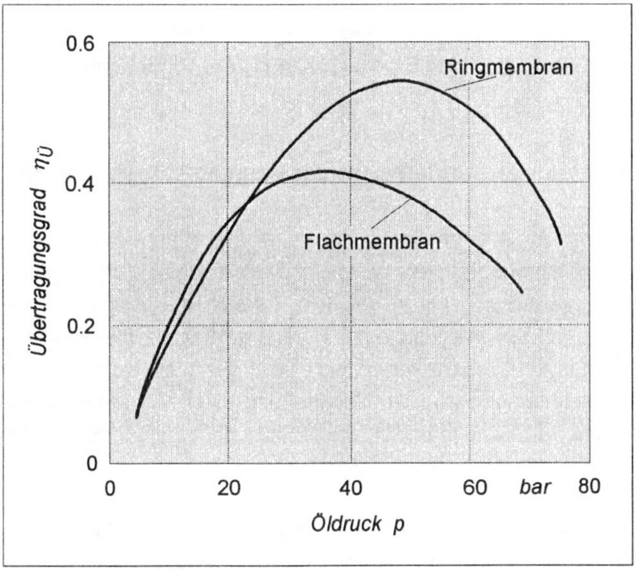

Bild 5-21 : Übertragungsgrad des Wegübersetzers als Funktion von *p* für Flach- und Ringmembran.

Eines der Hauptziele dieser Arbeit ist die Erarbeitung eines hochdynamischen Aktuators. Da die Eigenfrequenz des gesamten Systems von der niedrigsten Eigenfrequenz der Einzelteile bestimmt wird, liegt ein weiterer Schwerpunkt der Untersuchung und Optimierung der Membran in ihrer Modalanalyse /S1/. Um eine hohe Arbeitsfrequenz des Gesamtsystems sicherzustellen, muß die Eigenfrequenz der Membran hoch genug sein. Die Ergebnisse der Modalanalyse (*Bild 5-22*) für die verwendete Ringmembran ergeben die erste Eigenschwingung bei 3 kHz, was eine hohe Arbeitsfrequenz ermöglicht.

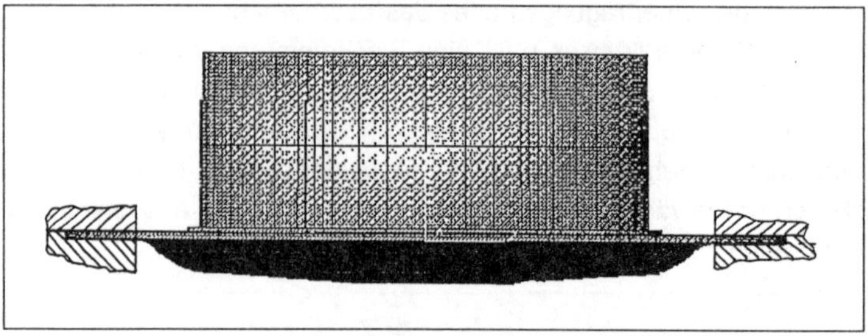

Bild 5-22 : Erste Eigenschwingung der Ringmembran.

5.3 Abdichtung der Abtriebsseite des Wegübersetzers - Metallbalg

Verglichen mit der Antriebsfläche ist die Abtriebsfläche der Ölkammer des hydraulischen Wegübersetzers vergleichsweise klein. Gleichzeitig sind bei hohen Arbeitsfrequenzen bis in den *kHz* Bereich die Wege, die der Kolben zurücklegen muß, um mehr als einer Potenz größer als die der Antriebsseite. Dabei muß das Ölvolumen hermetisch dicht gehalten werden. Für die oben genannten Bedingungen wird die Verwendung einer Membran als Kolben und als Abdichtungselement praktisch unmöglich, da eine Membran lediglich für große Flächen und kleine Hübe geeignet ist.

Als eine der Möglichkeiten, das Ölvolumen auch an der Abtriebsseite hermetisch dicht abzuschließen und gleichzeitig hohe Frequenzen und große Hübe zu ermöglichen, bietet sich das Konstruktionselement Metallbalg an (*Bild 5-23*).

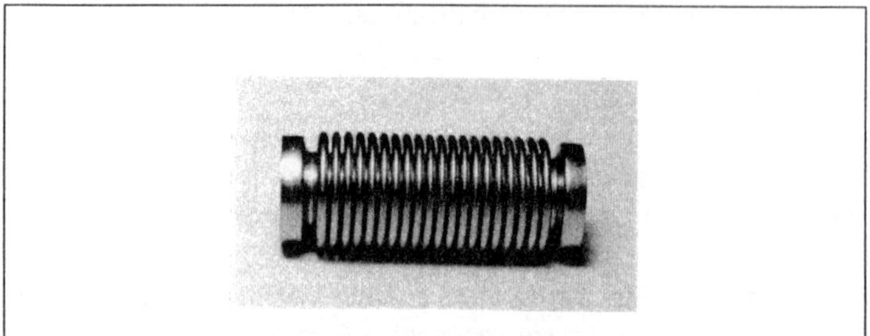

Bild 5-23 : Das Konstruktionselement Metallbalg.

Bezüglich des Wandaufbaus des Balges werden unterschiedliche Wanddicken und Profile verwendet, wie sie in *Bild 5-24* dargestellt werden.

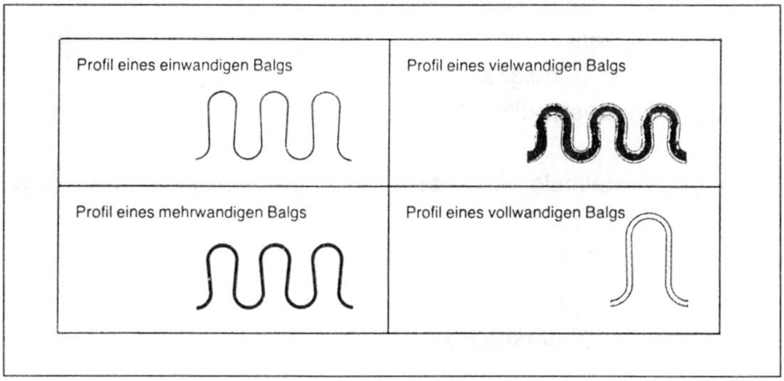

Bild 5-24 : Wandprofile von Metallbälgen.

Metallbälge sind Dichtelemente, die bei axialer Bewegung gleichzeitig als Verdränger, d.h. als Kolben wirken können. Meist werden sie aus den Werkstoffen Cr-Ni-Stahl, Tombak oder Zinnbronze hergestellt. Ein Metallbalg kann axiale, angulare, laterale und rotatorische Bewegungen übertragen (*Bild 5-25*).

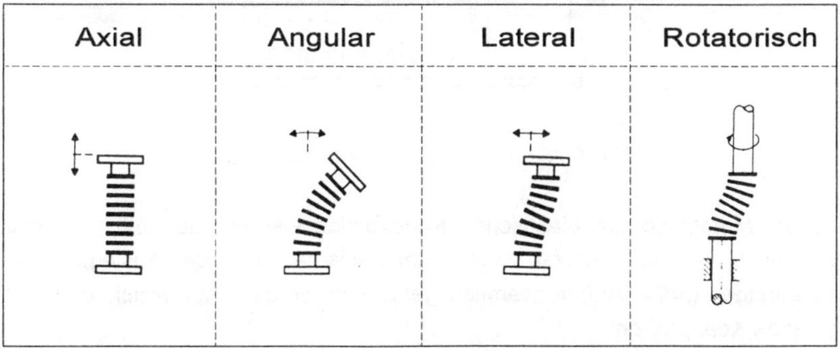

Bild 5-25 : Bewegungsarten eines Metallbalges.

Metallbälge besitzen in axialer Richtung ihr Hauptfederungsvermögen und erreichen dabei die höchste Lebensdauer. Bei richtiger Wahl und sachgemäßem Einbau besitzt ein Metallbalg folgende Eigenschaften, die sich für die Verwendung im hydraulischen Wegübersetzer als sehr geeignet erweisen:

- absolute Dichtigkeit,
- Reibungsfreiheit (nur interne Reibung),
- hohe Temperaturbeständigkeit,
- Druckfestigkeit,
- Korrosionsbeständigkeit,
- chemische Beständigkeit.

Weiterhin ist ein Metallbalg bei richtiger Wahl auch elastisch, wartungsfrei und betriebssicher.

5.3.1 Physikalische Eigenschaften

Beim hydraulischen Wegübersetzer wird der Metallbalg als Arbeitskolben für axiale Bewegungen benutzt (*Bild 5-26*).

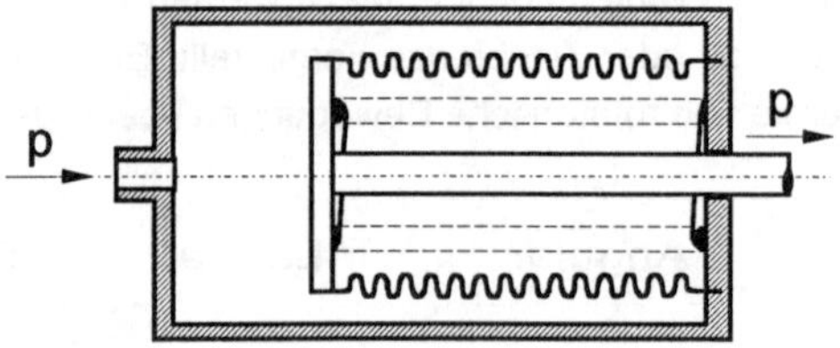

Bild 5-26 : Metallbalg als Arbeitskolben.

Da der Metallbalg ein elastisches Konstruktionselement darstellt, das sich wesentlich von einen starren Kolben unterscheidet, muß der Auslegung des Metallbalges große Aufmerksamkeit geschenkt werden. Kennzeichnend sind folgende Kenngrößen:

- Dauerfestigkeit,
- schädliches Volumen,
- Druckfestigkeit,
- wirksame Fläche,
- zulässiger Hub,
- Federhärte.

Dabei wird zweckmäßigerweise die einzelne Metallbalgwelle betrachtet. Nach *Bild 5-27a* betrachtet man die Welle als zwei ebene Kreisringplatten (Flanken) und halbkreisförmige Ringschalen (Krempen). Diese idealisierte Wellenform kann nur bei sehr tiefer Wellung annähernd erreicht werden. Im allgemeinen bildet sich jedoch bei der Herstellung eine kontinuierliche Krümmung aus (*Bild 5-27b*).

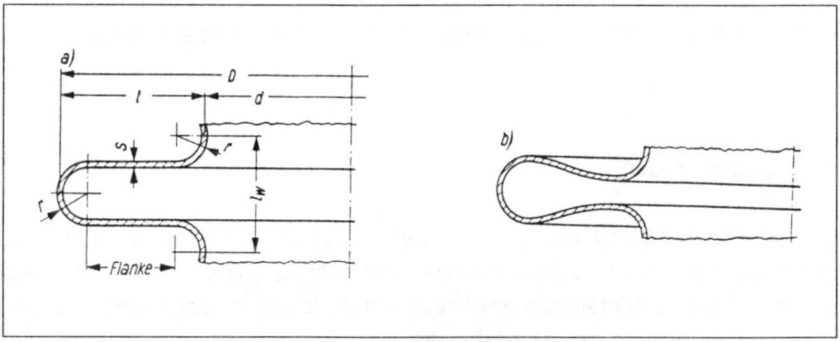

Bild 5-27 : Wellenform.

Bei der Berechnung aller Kenngrößen bezieht man sich auf empirisch ermittelte Gleichungen, da das analytische Verfahren mit bekannten Gleichungen über die Biegung dünner Kreisringplatten erheblich unterschiedliche Ergebnisse im Vergleich zu den experimentell ermittelten Daten liefert /N3/.

Das schädliche Volumen des Metallbalges benötigt eine nähere Erläuterung, da es auf die Steifigkeit des gesamten Wegübersetzers einen bermerkenswerten Einfluß hat. Diese Größe gibt das Flüssigkeitsvolumen an, welches von den Wellen bei Druckerhöhung infolge ihrer elastischen Verformung aufgenommen wird, ohne daß ein Hub erfolgt. Der Zusammenhang zwischen dem schädlichen Volumen V_{SCH} einer Welle, ihren geometrischen Daten und dem Druck p wird gegeben durch:

$$V_{SCH} = \frac{a_v \cdot t^5 \cdot (D + d) \cdot p}{2 \cdot E \cdot s^3 \cdot n} \tag{5.33}$$

Dabei ist a_v ein empirisch ermittelter Korrekturfaktor, der von der Fertigung des Balges abhängt. Ebenso wichtig ist der zulässige Außendruck p_{zul} mit dem ein

Balg belastet werden kann. Der zulässige Druck p_{zul} kann aus dem Druckfestigkeitsversuch und aus den Wellendaten ermittelt werden:

$$p_{zul} = \frac{a_p \cdot \sigma_F \cdot s^2 \cdot n}{t^2} \tag{5.34}$$

wobei a_p den empirisch ermittelten Fertigungsfaktor darstellt. Üblicherweise wird der zulässige Druck für jeden Metallbalg vom Hersteller angegeben.

5.3.2 Lebensdauer

Für die effektive Verwendung eines Metallbalgs im hydraulischen Wegübersetzer und damit auch im hydraulischen Ventil ist es wichtig, die Lebensdauer zu kennen, die ein Metallbalg unter bestimmten Betriebsbedingungen erreichen kann. Zur Ermittlung der Hubzahl, die zum Bruch eines Balges führt, sind umfangreiche Dauerversuche erforderlich.

Die Lebensdauer eines Balges hängt vor allem von seiner Länge, der Wellendicke, der Art der Lastspiele, der Temperatur, der Druckbelastung, der Lastspielfrequenz etc. ab. Von den denkbaren Beanspruchungsarten sind folgende Belastungsarten von besonderem Interesse (*Bild 5-28*) /N3/:

Fall	Hub	Druck
1	0	$0 \ldots p_{max}$
2	$0 \ldots x_{max}$	0
3	$0 \ldots x_{max}$	$0 \ldots p_{max}$
4	$0 \ldots x_{max}$	p_{max}
5	x_{max}	$0 \ldots p_{max}$

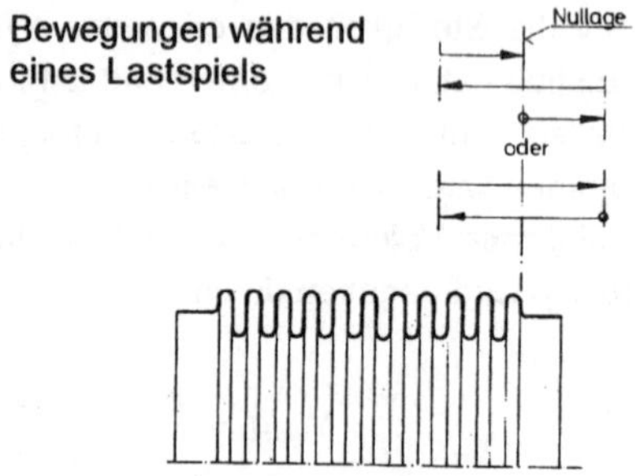

Bild 5-28 : Beanspruchungsarten eines Metallbalges.

Die experimentellen Ergebnisse zeigen, daß sowohl eine ruhende Hubbeanspruchung in den Grenzen des zugelassenen Hubs als auch eine ruhende Druckbeanspruchung einen geringen Einfluß auf die Lebensdauer hat. Ebenso hat die Höhe eines ruhend wirkenden Druckes nur einen geringen Einfluß auf die Lebensdauer. Einen größeren Einfluß auf die Lebensdauer hat die Größe des periodisch wirkenden Hubs. In einem hydraulischen Servoventil, besonders in einem Regelventil sind nur wenige Lastspiele mit großem Hub, aber eine große Zahl mittlerer und kleiner Regelspiele zu erwarten. In *Bild 5-29* sind die Zusammenhänge zwischen Druck, Hub und erreichbarer Hubzahl und damit auch erreichbarer Lebensdauer in einem Diagramm /N3/ dargestellt.

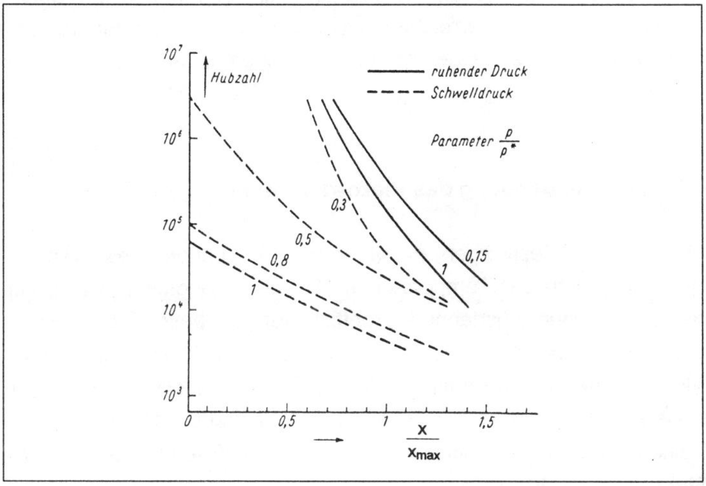

Bild 5-29 : Lebensdauer von Metallbälgen.

Um eine hohe Lebensdauer eines Metallbalges zu erreichen, sollte der Quotient zwischen Betriebsdruck und zulässigem Druck und besonders der Quotient zwischen Betriebshub und maximal zulässigem Hub des Metallbalges niedrig sein. Das heißt, um eine hohe Lebensdauer des Metallbalges zu erreichen, sollte besonders die Länge, die Wellenzahl und der in der Konstruktion vorgesehene Einbau richtig bestimmt werden. Mit einer richtigen Auswahl kann ein Metallbalg eine Hubzahl zwischen 10^7 und 10^8 verwirklichen. Es darf der Temperatureinfluß auf die Lebensdauer nicht vernachlässigt werden, da sich die Materialfestigkeit mit steigender Temperatur verringert.

5.4 Kompensation der thermischen Dehnungen

Der Piezoaktuator mit hydraulischem Wegübersetzer wird zur Ansteuerung eines hydraulischen Servoventils verwendet. Dabei wird gefordert, daß der Piezoaktuator mit unveränderter Stellgenauigkeit in einem Temperatureinsatzbereich von *0* bis *+80 °C* bzw. von *-20* bis *+80 °C* arbeitet. Die hohen Anforderungen, die an die Stellgenauigkeit des Piezoaktuators gestellt werden, erfordern eine besondere Berücksichtigung seines Temperaturverhaltens. Unterschiedliche Temperaturausdehnungskoeffizienten der verwendeten Materialien führen zu unterschiedlich großen Ausdehnungen, die eine Abweichung der Stellgenauigkeit des gesamten Aktuators zur Folge haben. Um eine geforderte Stellgenauigkeit zu erreichen, ist deswegen eine geeignete Kompensation der Wärmeausdehnungen der verschiedenen Materialien notwendig.

5.4.1 Thermische Dehnung des Piezotranslators

Wie bei jedem Festkörper hängt auch die Länge des verwendeten Piezotranslators von der Temperatur ab. Diese Abhängigkeit wird durch den linearen thermischen Ausdehnungskoeffizienten α_T beschrieben. Bei einem aus vielen einzelnen Keramikschichten aufgebauten Translator wird α_T von den Eigenschaften der Keramik sowie von den eingesetzten Kontaktierungsmaterialien bestimmt. Der hier verwendete Piezotranslator (*Bild 4-1 und 4-2*) weist einen linearen thermischen Ausdehnungskoeffizienten $\alpha_T = 1{,}5 \cdot 10^{-6}\ K^{-1}$ auf (Stahl: $\alpha_T = 1{,}2 \cdot 10^{-5}\ K^{-1}$).

In der Konstruktion des Piezoaktuators wird der Piezotranslator in eine Stahlbüchse eingebaut. Der Einsatz des Aktuators im Temperaturbereich zwischen *-20* und *+80 °C*, d.h. bei einer Temperaturdifferenz von $\Delta T = 100\ °C$, verursacht eine nennenswerte Ausdehnung Δl des Piezotranslators sowie der Stahlbüchse (*Bild 5-30*). Dabei wird die Umgebungstemperatur $T = +20\ °C$ als Nullpunkt der Ausdehnung betrachtet.

$$\Delta l = l_0 \cdot \alpha_T \cdot \Delta T \qquad (5.35$$

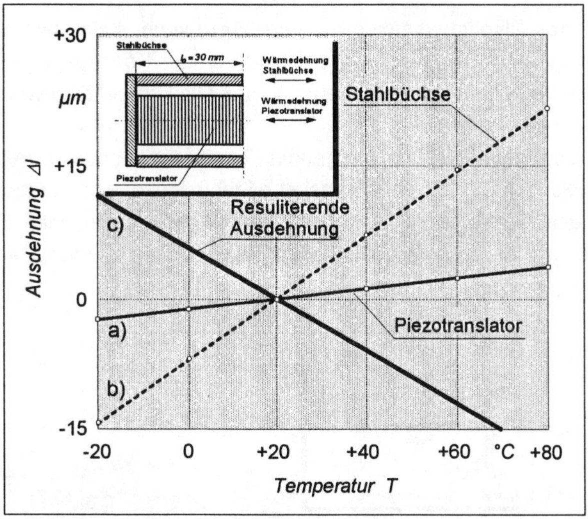

Bild 5-30 : Ausdehnung des Pizotranslators und der Stahlbüchse.

Da der Temperaturausdehnungskoeffizient von der verwendeten Keramik um eine Potenz kleiner ist als der von Stahl, sind die unterschiedlich großen Ausdehnungen (Kurven a un b) nicht nur kompensiert, sondern sogar überkompensiert. Das führt dazu, daß bei steigender Temperatur die resultierende Ausdehnung (Kurve c) negativ wird. Dieser Effekt, der auf den ersten Blick als unerwünscht erscheint, wird zur Kompensation der thermischen Dehnung des Hydrauliköls genutzt.

5.4.2 Thermische Dehnung des Öls

Die Verwendung eines hermetisch abgeschlossenes Ölvolumens im hydraulischen Wegübersetzer ist mit thermischen Dehnungen verbunden. Der Volumenausdehnungskoeffizient des Öls beträgt $\beta_T = 7 \cdot 10^{-4}\ K^{-1}$ was bedeutet, daß sich das Ölvolumen V_o um einen Betrag $\Delta V_{Öl} = 7\%$ bei einer Temperaturdifferenz von $\Delta T = 100\ °C$ vergrößert. Dabei bleibt der Druck p des Öls in der Ölkammer konstant.

$$\Delta V_{Öl} = V_o \cdot \beta_T \cdot \Delta T \tag{5.36}$$

Im Fall, daß das Ölvolumen sich nicht vergrößern kann, steigt der Druck in der Ölkammer sehr stark und kann sogar zum Bruch der Konstruktion führen. Aus diesem Grund muß die Wärmeausdehnung des Öls kompensiert werden.

Teilweise kann dazu die mit steigender Temperatur negativ resultierende Dehnung (*Bild 5-30*) von der Translator-Stahlbüchse Kombination benutzt werden. Diese Teilkompensation der Öldehnung wird in *Bild 5-31* unter Berücksichtigung der zusätzlichen volumetrischen thermischen Dehnung der Konstruktion dargestellt.

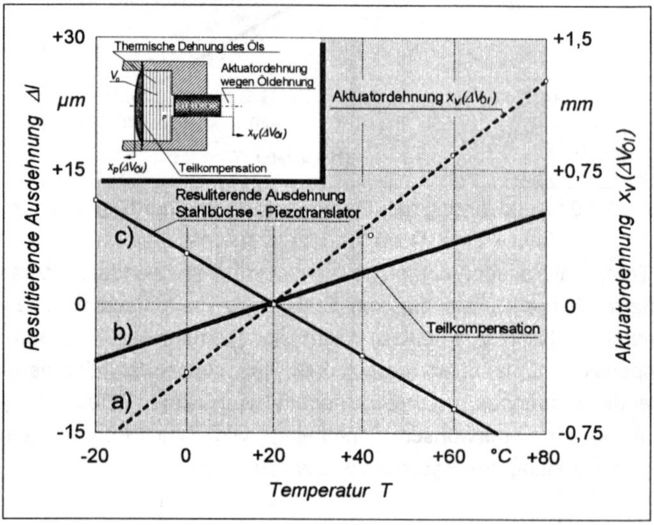

Bild 5-31 : Teilkompensation der Öldehnung.

Der Verlauf der Kurve *a* zeigt die Aktuatorausdehnung x_V. Die Ursache für diese Ausdehnung ist die Vergrößerung des Ölvolumens V_o um $\Delta V_{Öl}$ unter der Voraussetzung, daß die Membran eine starre Wand darstellt, die keine Nachgiebigkeiten zuläßt, d.h. die ganze Ölvolumenvergrößerung $\Delta V_{Öl}$ wird zur Verschienbung des kleinen Kolbens benutzt (Kurve a). Mit Hilfe der Überkompensation der Piezotranslatorausdehnung (Kurve c) ist es aber möglich, bis zu *60%* der Ölausdehnung zu kompensieren (Kurve b). Die resultierende Ausdehnung der Stahlbüchse-Piezotranslator Kombination erlaubt die Verschiebung der Membran und damit die Entlastung der Ölkammer.

Eine zusätzliche Temperaturkompensation könnte durch den Einbau eines speziell aufgebauten Temperaturkompensators für die Ölausdehnung erreicht werden. Der Nachteil liegt aber darin, daß die Stellgenauigkeit über den gesamten oben genannten Temperaturbereich wegen der inhomogenen Temperaturverteilung in der Konstruktion nicht erreicht werden kann. Verschiedene Konstruktionsteile, einschließlich Öl, dehnen sich mit der Zeit ungleichmäßig aus.

Anschließend müssen noch die Temperaturabhängigkeit des Piezoeffektes, die etwa *0,2%* der Ausdehnung des Piezoaktuators pro Grad *K* beträgt und die Drift des Piezoaktuators kompensiert werden. Eine vollständige Kompensation der thermischen Einflüsse auf den gesamten Piezoaktuator kann durch eine gegenüberliegende Anordnung zweier Piezoaktuatoren erfolgen (*Bild 5-32*). Mit dieser Anordnung zweier Aktuatoren wird auch die Stellgenauigkeit über den ganzen Temperaturbereich von *-20* bis *+80 °C* sichergestellt. In *Bild 5-33* sind die experimentelle Ergebnisse der Kompensation der thermischen Dehnung des Piezoaktuators mit hydraulischem Wegübersetzer dargestellt.

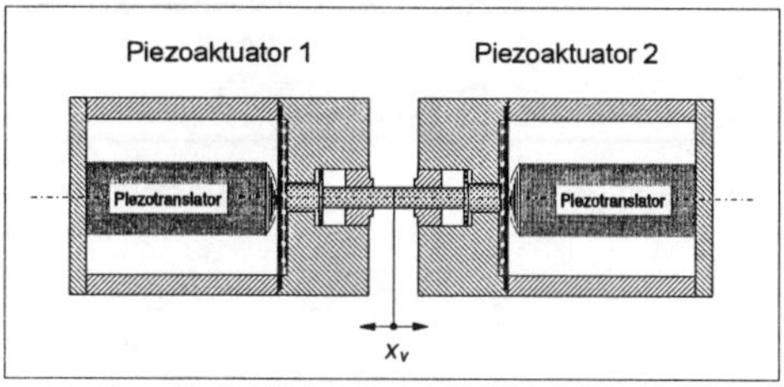

Bild 5-32 : Anordnung zweier Piezoaktuatoren zur vollständigen Kompensation.

Es ist erkennbar, daß die Ausdehnung des unkompensierten Piezoaktuators stark von der Temperaturänderung abhängt, während bei der gegenüberliegenden Anordnung zweier Aktuatoren kein Einfluß der Temperaturänderung auf die Aktuatordehnung zu sehen ist. Dabei ändert sich aber die Vorspannkraft des Piezoaktuators und damit auch der Öldruck in der hermetisch abgeschlossenen Ölkammer des hydraulischen Wegübersetzers (*Bild 5-34*). Diese Öldruckerhöhung bedeutet gleichzeitig auch die Erhöhung der auf den Piezotranslator wirkenden Kraft. Die Ausgangsvorspannung des Piezoaktuators beträgt in diesem Beispiel $F_{VS}=78\ N$ bei der Temperatur $T=20\ °C$, was unter Berücksichtigung des Übersetzungsfaktors eine Vorspannkraft von *2400 N* (ca.

ein Drittel der Blockierkraft) auf den Piezotranslator zur Folge hat. Mit steigender Temperatur steigt auch die auf den Piezotranslator wirkende Kraft auf *3800 N* bei *80 °C* und damit auch der Druck in der Ölkammer auf *38 bar*. Bei einer Temperatur von *-20 °C* sinkt die auf den Translator wirkende Kraft auf *1450 N* und der Druck fällt auf *14,5 bar* ab.

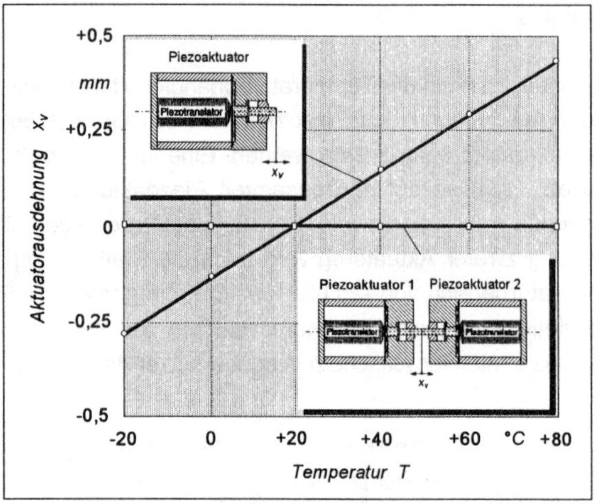

Bild 5-33 : Vollständige Kompensation der thermischen Dehnungen.

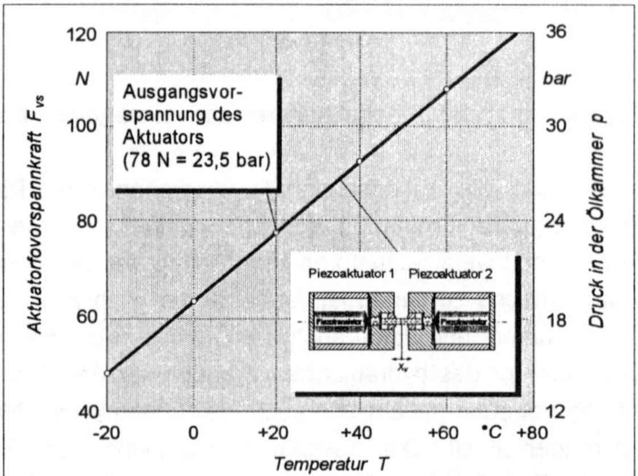

Bild 5-34 : Aktuatorvorspannkraft in Abhängigkeit von der Temperatur.

Wie sich die Kompensation der thermischen Dehnungen und damit auch die temperaturabhängige Vorspannkraft des Piezoaktuators auf seine Dynamik auswirkt, zeigt *Bild 5-35*. Es sind zwei Sprungantworten bei unterschiedlichen Temperaturen, *0* und *60 °C*, dargestellt. Die experimentellen Ergebnisse zeigen, daß die oben beschriebenen konstruktive Kompensationmaßnahmen (Temperaturkompensation auch durch Lageregelung möglich) und deren Folgen (die mit der Temperatur unterschiedlich große Vorspannkraft) keine Auswirkung auf die Dynamik und Ausdehnungsamplitude des Piezoaktuators haben. Die mit der Temperatur unterschiedlich große Vorspannkraft hat aber eine Wirkung auf die Reaktionszeit und auf die Dämpfungseigenschaften des Piezoaktuators, was im nächsten Unterkapitel näher untersucht wird.

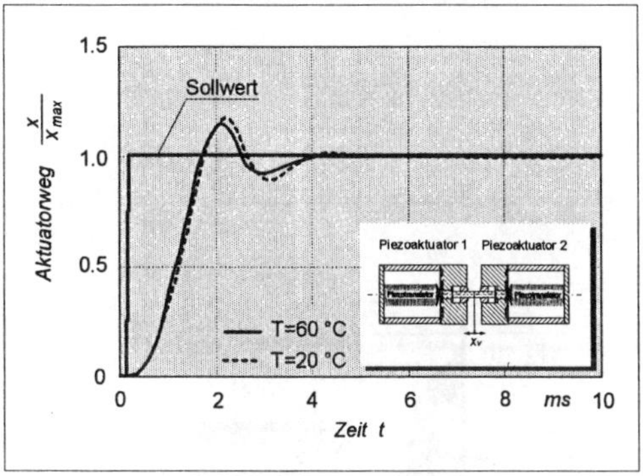

Bild 5-35 : Dynamische Eigenschaften bei unterschiedlichen Umgebungstemperaturen.

5.5 Vorspannung des Piezoaktuators

5.5.1 Kompressibilität des Übertragungsmediums

Da die Wegverstärkung des hydraulischen Wegübersetzers auf der Volumenkonstanz des abgeschlossenen Ölvolumens $V_{Öl}$ basiert, gilt die Relation in der Gleichung (4.2) nur für ein ideales Fluid. Verwendet man bei der Wegübersetzung eine Druckflüssigkeit auf Mineralölbasis, sind die Bedingungen wegen seiner hohen Kompressibilität /B1/ nicht mehr ideal. Für das vereinfachte System des hydraulischen Wegübersetzers (*Bild 5-36)* kann man feststellen, daß die Wirkung der Piezokraft F_P auf die Membran zu deren Verschiebung führt.

Nach dem Prinzip der Volumenkonstanz soll diese Verschiebung eine Bewegung des kleinen Kolbens verursachen, bis die Kräfte F_P (Aktuatorkraft) und F_V (Ventilkraft - alle Kräfte die im Ventil generiert werden und auf den Piezoaktuator wirken) im Gleichgewicht sind. Die Kompressibilität des Öls führt aber zuerst zur Komprimierung und damit Verringerung des ursprünglichen Ölvolumens V_o und erst danach zur Bewegung des kleinen Kolbens. Bei einer Erhöhung des Öldruckes p durch die Membranverschiebung um den Wert Δp verringert sich das Volumen V_o um den Wert $\Delta V_{Öl}$:

$$\Delta V_{Öl} = A_M \cdot x_P = -V_o \cdot \frac{\Delta p}{E_{Öl}} \tag{5.37}$$

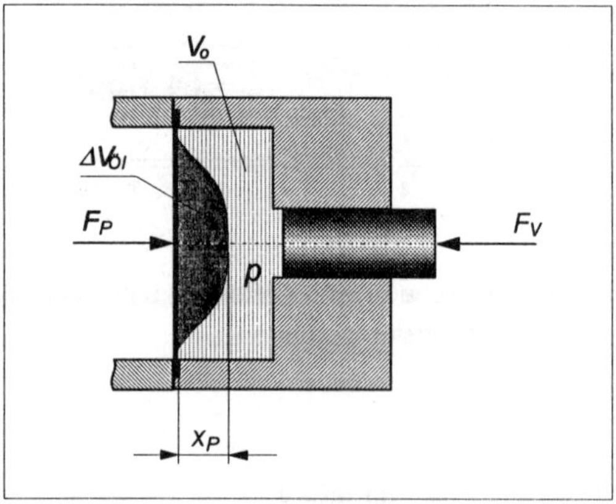

Bild 5-36 : Kompression des Ölvolumens.

Mit $E_{Öl}$ wird der Kompressionsmodul des Hydrauliköls bezeichnet. Näherungsweise kann $E_{Öl}$ im üblichen Temperatur- und Druckbereich als konstant angesehen werden. Doch im niedrigeren Druckbereich ist die Druckabhängigkeit der Ölkompressibilität sehr stark. Die Berechnung der Druckabhängigkeit erfolgt nach einer empirischen Formel /S1/. Der Verlauf der Kompressibilität in Abhängigkeit des Druckes wird in *Bild 5-37* dargestellt.

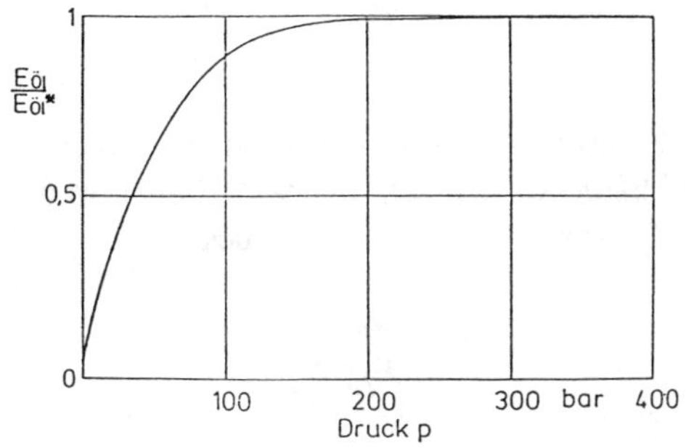

Bild 5-37 : Kompressionsmodul $E_{Öl}$ in Abhängigkeit vom Druck *p*.

Dabei stellt $E_{Öl}$ * den maximalen Kompressionsmodul (für $p=\infty$) dar. Praktisch liegen die Werte zwischen $E_{Öl} = 1{,}4 \cdot 10^4$ und $1{,}8 \cdot 10^4$ *bar*.

Einen starken negativen Einfluß auf die Kompressibilität des Öls übt ungelöste Luft in der Druckflüssigkeit aus. Die Luftblasen entstehen meistens in der Ölkammer tief in den Metallbalgwellen (*Bild 5-38*) und sind schwer zu entfernen.

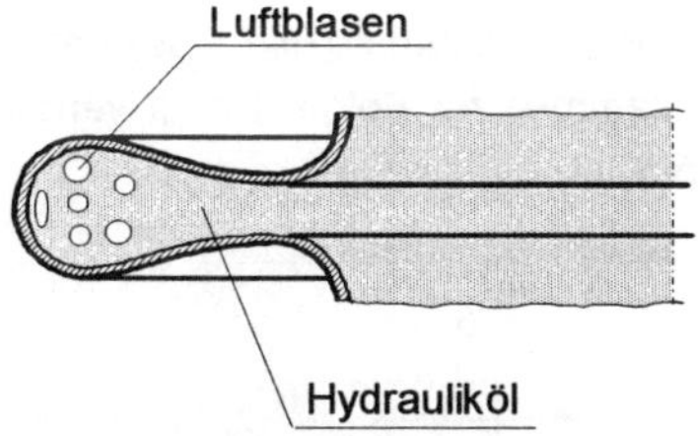

Bild 5-38 : Luftblasen in der Metallbalgwelle.

Da neben der Druckflüssigkeit auch die Ölkammerwände elastisch sind (besonders die Metallmembran und der Metallbalg), erhöht sich bei der Druckerhöhung Δp die hydraulische Kapazität C_H der Ölkammer, was bedeutet, daß ein zusätzliches Flüssigkeitsvolumen ΔV_K aufgenommen werden kann. Das schädliche Ölvolumen ΔV_{GES} läßt sich folgendermaßen ausdrücken:

$$\Delta V_{GES} = \Delta V_{Öl} + \Delta V_K = V_o \cdot \frac{\Delta p}{E'_{Öl}} \tag{5.38}$$

wobei $E'_{Öl}$ den Ersatzkompressionsmodul, in dem auch die Elastizität der Ölkammerwände berücksichtigt ist, darstellt. Dabei wird die hydraulische Kapazität C_H der Ölkammer wie folgt ausgedrückt:

$$C_H = \frac{V_o}{E'_{Öl}} \tag{5.39}$$

Das schädliche Ölvolumen ΔV_{GES} hat die Verringerung des gesamten Übertragungsgrades des Piezoaktuators zur Folge. Ebenfalls hat das schädliche Ölvolumen negative Auswirkungen auf die Verzögerungszeit, Ausgleichszeit und auf die Ausdehnung des Piezoaktuators bei einer Sprungantwort. Die Auswirkungen der Kompressibilität und damit auch des schädlichen Ölvolumens können mit einer geeigneten Vorspannung der Ölkammer (Druckerhöhung in der Ölkammer) verringert werden.

5.5.2 Einfluß der Aktuatorvorspannung

Eine Vorspannung des Piezoaktuators (*Bild 5-39*) hat eine Druckerhöhung des Hydrauliköls in der Ölkammer zur Folge. Damit verringert sich die Kompressibilität des Öls (*Bild 5-37*).

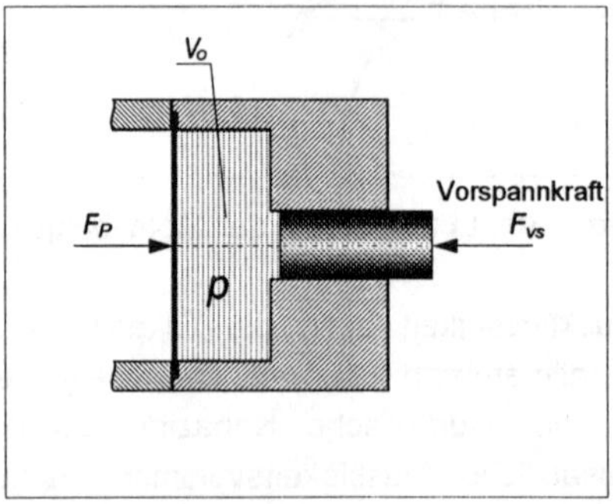

Bild 5-39 : Vorspannung des Piezoaktuators.

Nach *Bild 5-37* wäre eine optimale Vorspannnung dann erreicht, wenn der Druck in der Ölkammer sich auf *200 bar* erhöhen würde. Gleichzeitig wirkt aber dieser Druck über die Metallmembran auf den Piezotranslator als eine Druckkraft. Wie groß diese Kraft sein darf, wird durch die Materialeigenschaften des Piezotranslators bestimmt. Ebenfalls beeinflußt die Vorspannkraft die dynamischen und statischen Eigenschaften des Piezotranslators. Aus diesem Grund wird die Wirkung der Vorspannkraft auf den gesamten Piezoaktuator und seinen statischen und dynamischen Verhalten näher experimentell untersucht.

Zur experimentellen Abschätzung der Abhängigkeit der statischen und dynamischen Eigenschaften des Piezoaktuators von der Vorspannkraft wird bei unterschiedlichen Vorspannkräften am Piezoaktuator in offener Steuerkette als Stellsignal eine sprungförmige Änderung des Eingangssignals von U=0 V auf U=200 V geschaltet, was gleichzeitig eine maximale Ausdehnung des Piezoaktuators bedeutet.

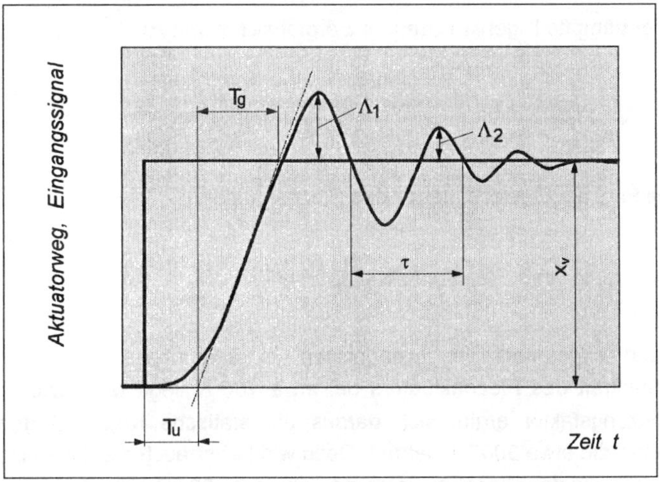

Bild 5-40 : Experimentelle Ermittlung des Vorspannkrafteinflußes auf die Eigenschaften des Piezoaktuators.

In *Bild 5-40* sind die statischen und dynamischen Eigenschaften dargestellt, die sich aus der Sprungantwort des Piezoaktuators ermitteln lassen. Vor allem wird untersucht, inwieweit die Vorspannkraft die Verzugszeit T_u, die Ausgleichszeit T_g, die maximale Ausdehnung x_v, die Eigenfrequenz *f* und den Dämpfungsgrad *D* des Piezoaktuators beeinflußt. Die experimentellen Ergebnisse sind in *Bild 5-41* zu sehen. Der Dämpfungsgrad wird aus dem logarithmischen Dekrement bestimmt /F2/ zu

$$D = \frac{\ln \frac{\Lambda_1}{\Lambda_2}}{\sqrt{4 \cdot \pi^2 + \left(\ln \frac{\Lambda_1}{\Lambda_2}\right)^2}} \tag{5.40}$$

Die gedämpfte Eigenkreisfrequenz kann aus der Periodendauer der Schwingung direkt abgelesen werden:

$$\omega = \frac{2 \cdot \pi}{\tau} \tag{5.41}$$

Die ungedämpfte Eigenkreisfrequenz ergibt sich somit zu

$$\omega_0 = \frac{\omega}{\sqrt{1 - D^2}} \tag{5.42}$$

Daraus folgt die Eigenfrequenz *f* des Piezoaktuators:

$$f = \frac{\omega_0}{2 \cdot \pi} \tag{5.43}$$

Aus den experimentellen Ergebnissen ist erkennbar, daß die optimale Vorspannkraft des Piezoaktuators bei etwa *100 N* liegt. Multipiziert mit dem Übersetzungsfaktor ergibt sich daraus die statische Kraft auf den Piezotranslator, die etwa *3000 N* beträgt. Dazu wirkt aber auch die dynamische Kraft (*Bild 5-41*), die den Piezotranslator mit ungefähr *400 N* belastet.

Bild 5-41a zeigt die auf den Piezoaktuator mit hydraulischem Wegübersetzer wirkende Kraft. Sie sezt sich aus der optimalen Vorspannkraft F_{vspn} = *100 N* und aus der dynammischen Kraft F_{dyn}. Der Verlauf der dynamischen Kraft F_{dyn} wird bei einem Sprungantwort des Piezoaktuators experimentell ermittelt.

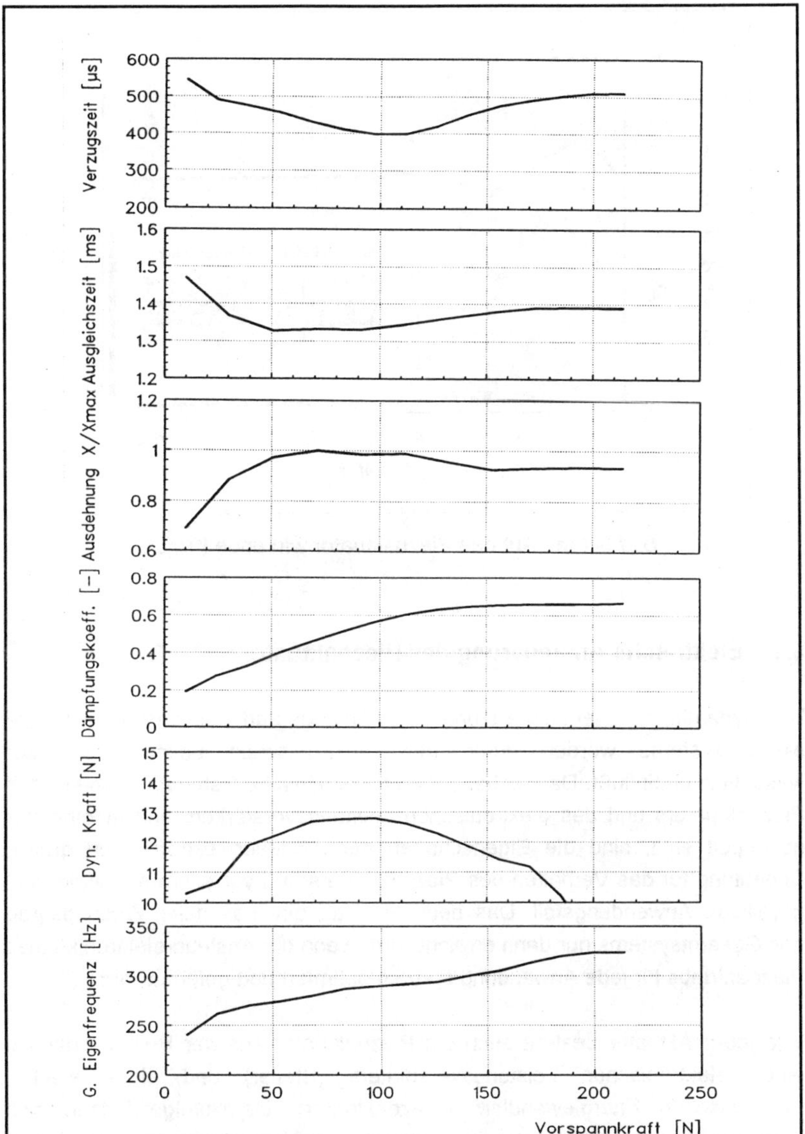

Bild 5-41 : Vorspannung des Piezoaktuators.

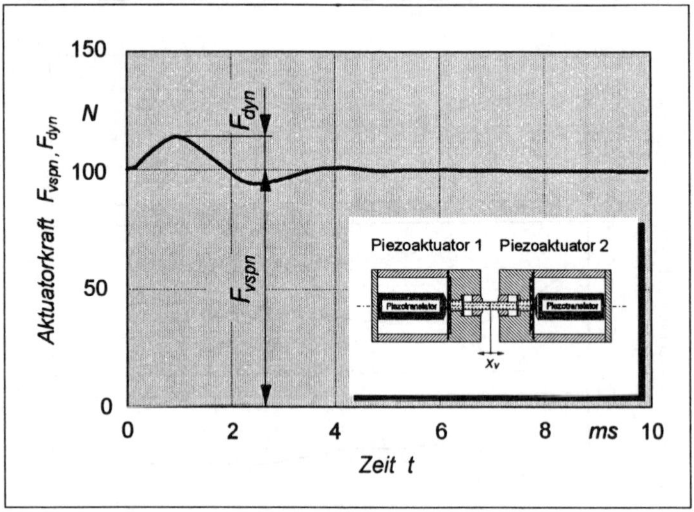

Bild 5-41a : Auf den Piezoaktuator wirkende Kraft.

5.6 Elektrische Ansteuerung des Piezoaktuators

Die Dynamik, Stellgenauigkeit und der Wirkungsgrad des gesamten Piezoaktuatorsystems werden durch den elektronischen Leistungsverstärker wesentlich beeinflußt. Da mechanische und elektrische Betriebsparameter des Piezoaktuators und des elektronischen Leistungsverstärkers eng miteinander gekoppelt sind, sind die Eigenschaften der Ansteuerelektronik von großer Bedeutung für das Verhalten des Piezoaktuators und vor allem abhängig vom jeweiligen Anwendungsfall. Das bedeutet, daß ein maximaler Wirkungsgrad des Gesamtsystems nur dann erreicht wird, wenn die Ansteuerelektronik eines Piezoantriebs für jede Anwendung speziell optimiert und gefertigt wird.

Wie jeder Aktuator besteht auch ein Piezoaktuator aus der Reihenschaltung eines elektronischen Leistungsverstärkers (Steller) und eines elektromechanischen Energiewandlers (Piezoaktuator). Demzufolge lassen sich Piezoaktuatoren im Sinne der Vierpoltheorie und hinsichtlich ihres statischen und dynamischen Verhaltens als Zwei-Tore (Sechspol mit Abschlußbedingung) beschreiben /J3/, wie in *Bild 5-42* dargestellt wird.

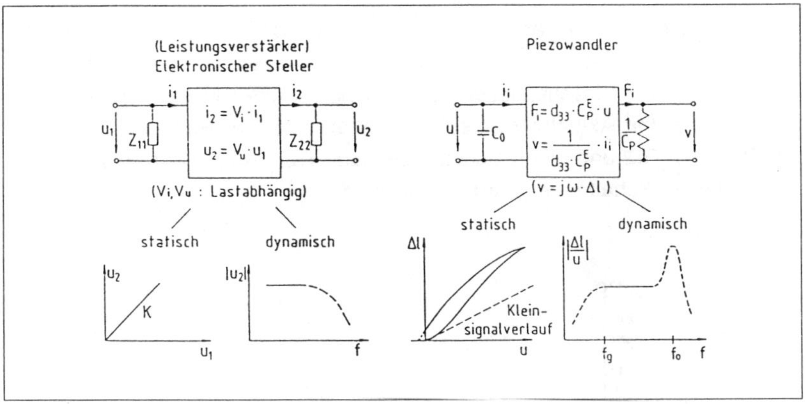

Bild 5-42 : Idealisiertes Übertragungsverhalten von Piezoaktuatoren.

Ansteuerschaltungen für Hochleistungs-Piezoaktuatoren sind besonders dadurch gekennzeichnet, daß sie bei hohen Spannungen kurzzeitig auch sehr hohe Ströme schalten müssen, wenn das hohe Potential der Reaktionsgeschwindigkeit der Piezoaktuatoren voll ausgenutzt werden soll. Deswegen kommt es bei häufiger Betätigung zu nennenswerten Leistungen, obwohl keine Dauerströme fließen. Außer der Ansteuer-Endstufe muß daher auch der Energieversorgung große Aufmerksamkeit geschenkt werden. Bei Netzbetrieb wird eine herkömliche Transformator-Gleichrichter-Anordnung eingesetzt.

Grundsätzlich gibt es zwei Möglichkeiten, einen Piezoaktuator anzusteuern, die Spannungs- und die Ladungssteuerung. Die Spannungsansteuerung ist einfacher zu realisieren, wobei die Dehnung des Aktuators als Funktion der angelegten Spannung oder Feldstärke beträchtliche Hystereseerscheinungen und zeitliche Nichtlinearitäten zeigt (*Bild 5-43*). Die Ladungsansteuerung erfordert dagegen einen größeren Schaltungsaufwand, bietet jedoch dann den Vorteil des (nahezu) linearen Zusammenhangs zwischen Dehnung und aufgebrachter Ladung.

Eine einfache Ladungsansteuerschaltung, die mit zwei Thyristoren arbeitet, ist in *Bild 5-44* dargestellt. Die Aktuator-Aufladung erfolgt über den Thyristor *Th1* und einen strombegrenzenden Widerstand *R1*. Um mit einer einfachen

Niedervolt-Ansteuerung arbeiten zu können, ist für die Zündimpuls-Übertragung ein Transformator *Tr* vorgesehen. Dies hat zur Folge, daß während längerer Einschaltdauern der Thyristor wieder in den Sperrzustand übergeht und den Aktuator sich selbst überläßt. Bei der Entladung, die über den Thyristor *Th2* und einen Schutzwiderstand *R2* erfolgt, kann dagegen mit beliebig langer Schaltdauer gearbeitet werden.

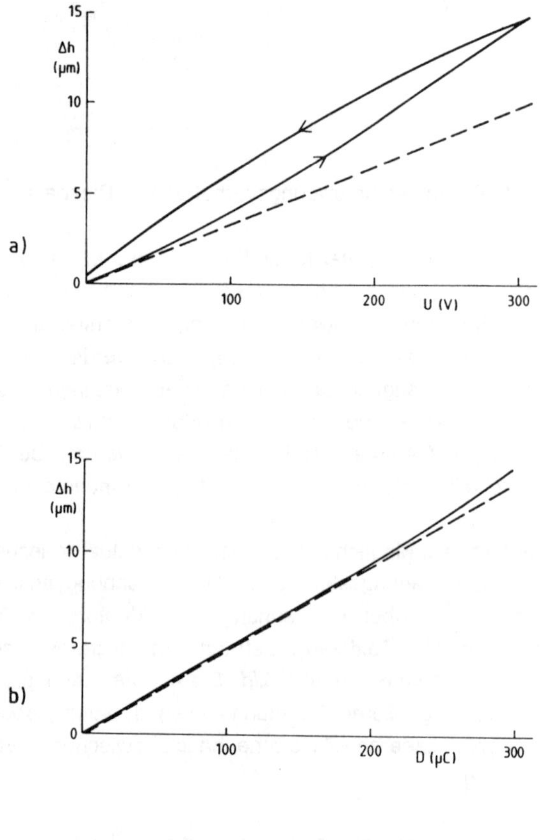

Bild 5-43 : Gemessene Dehnung eines Piezaktuators als Funktion der a) angelegten Spannung und b) aufgebrachten Ladung /P2/.

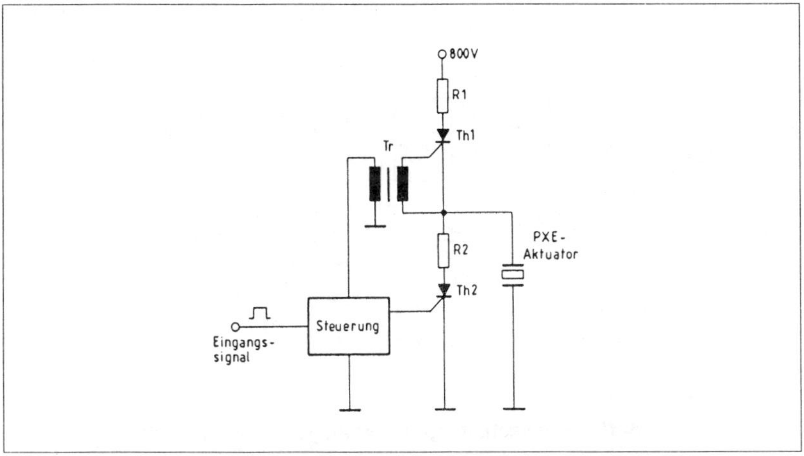

Bild 5-44 : Ladungsansteuerungsschaltung für einen Piezoaktuator /P2/.

Als Beispiel für eine kompliziertere Spannungsansteuerung wird die Ansteuerung über einen Analogverstärker beschrieben. Soll die Aktuatorauslenkung einen definierten zeitlichen Verlauf aufweisen (z. B. einer Sinus- oder Dreiecksfunktion folgen), muß ein Analogverstärker mit entsprechend hoher Ausgangsspannung eingesetzt werden. Um die kurzen Reaktionszeiten ausnutzen zu können, müssen dabei sehr große Ströme fließen. Deswegen entstehen bei normalen linearen Verstärkern große Verlustleistungen im *kW-Bereich*.

Mit einem Konzept mit getakteten Ausgangstransistoren kann die Verlustleistung erheblich gesenkt werden. Der Schaltungsaufwand ist dann allerdings höher. In *Bild 5-45* ist die Blockschaltung einer solchen Anordnung wiedergegeben. Abhängig vom Vorzeichen und Betrag der Abweichung der Aktuator-Ist- Spannung vom vorgegebenen Sollwert schalten die Ausgangstransistoren den Aktuator mit variabler Impulsdauer gegen Null oder gegen die Betriebsspannung. Bei der Analogansteuerung, die nicht die entsprechende Spannung am Piezoaktuator, sondern dessen Auslenkung oder Kraft beeinflussen soll, sind Nichtlinearität, Hysterese und Temperaturabhängigkeit störende Eigenschaften. Am einfachsten sind diese Störgrößen durch eine Regelschaltung, die eine Erfassung der Aktuatorreaktionen erlaubt, zu eliminieren.

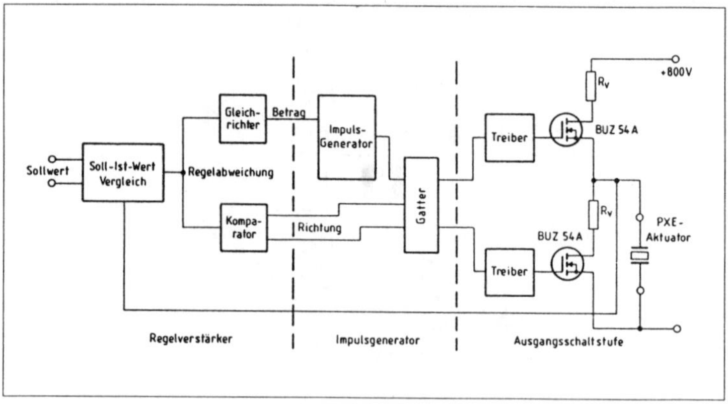

Bild 5-45 : Blockschaltung der Analogansteuerung /P2/.

Bild 5-46 zeigt eine entwickelte, getaktete Analogansteuerung für zwei gegenüberliegend arbeitende Piezotranslatoren (siehe Kap. 4).

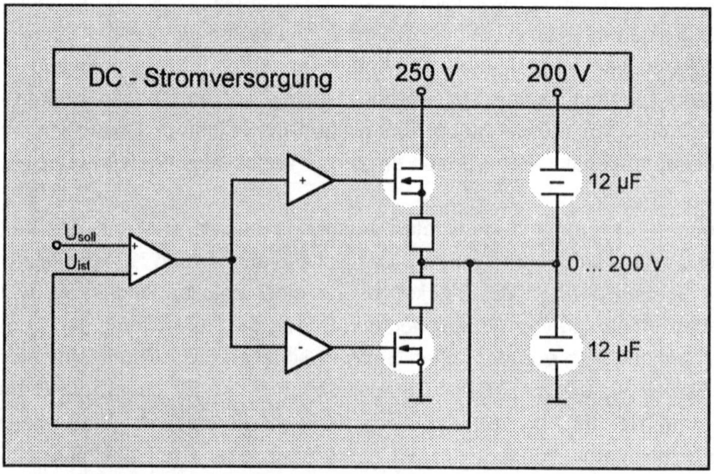

Bild 5-46 : Aufgebaute Piezo-Analogansteuerung.

Mit der aufgebauten Ansteuerelektronik können zwei Piezotranslatoren mit einer kapazitiven Gesamtlast von *25 µF* bis zu *600 Hz* im Großsignalbereich betrieben werden. Dabei wird eine Gleichspannung von *0* bis *200 V* bereitgestellt. Einer der Piezoaktuatoren ist dabei an die Betriebsspannung angeschlossen und der andere an Masse. Beim Einschalten der Elektronik beträgt die Steuerspannung an jedem Piezoaktuator *U=100 V*. Dies ist nötig, um den Steuerschieber des Ventils in der Mittellage zu halten.

Die Piezo-Ansteuerelektronik ist ohne Energierückgewinnung aufgebaut. Deswegen wird der Energieverbrauch bei Spitzenströmen und einer Arbeitsfrequenz von bis zu *500 Hz* im Großsignalbereich einige Hundert Watt betragen. Mit einer geeigneten und aufwendigen Ansteuerschaltung ist es aber möglich, die Energie um mehr als *95 %* zurückzugewinnen.

5.7 Mathematisches Modell des Piezoaktuators

Die Beschreibung des Piezoaktuators mit Hilfe eines mathematischen Simulationsmodells ermöglicht das Erfassen von physikalischer Größen, die das dynamischen und statischen Verhalten des Piezoaktuators beeinflußen. Besonders nutzbar ist ein Simulationsmodell als Werkzeug zur Entwicklung und Konstruktion des Piezoaktuators, da somit schneller und mit kleinerem Aufwand die Optimierungsmaßnahmen vorgenommen werden können.

5.7.1 Modellbildung des Piezotranslators

- **Elektrisches Verhalten des Piezotranslators**

Um die dynamischen Eigenschaften des Piezotranslators untersuchen zu können, wird die Antwort des Piezotranslators auf ein sprungförmiges Eingangssignal analysiert. Für solche schnellen mechanischen Schaltvorgänge eignet sich der Piezotranslator besonders gut. Bei einem Sprungantwort läuft der Piezotranslator in einen Einschwingvorgang, der nach einiger Zeit in einen stationären Ausdehnungszustand übergeht, wenn die Erregung andauert. Das Ausgleichsverhalten hängt einerseits von den elektrischen Größen wie seiner Kapazität, dem Ladewiderstand und der Schaltung ab, andererseits aber auch von seinen mechanischen Eigenschaften wie Dämpfung, Steifigkeit und Masse.

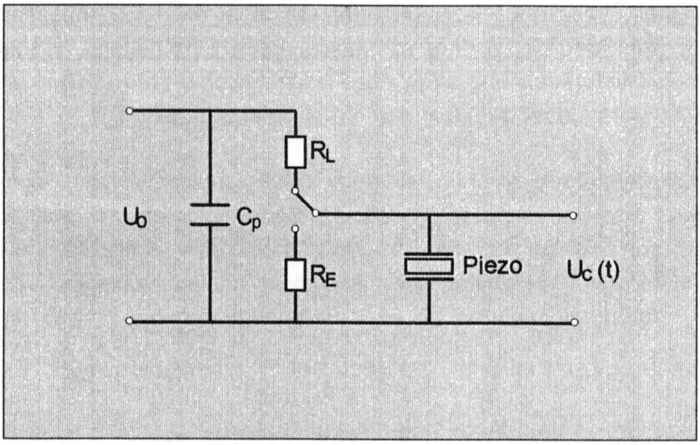

Bild 5-47 : Ersatzschaltbild des Lade- und Entladekreises.

Das Lade- und Entladeverhalten eines Piezotranslators ist im einfachsten Fall mit dem eines Kondensators vergleichbar, und wird wesentlich durch seine mechanischen Eigenschaften verändert. Betrachtet wird zunächst das Einschwingverhalten eines RC-Glides, bei dem ein Kondensator (Piezotranslator) mit einem Schalter wechselweise auf den Lade- oder Entladewiderstand einer gepufferten Spannugsquelle (*200 V DC*) geschaltet wird (*Bild 5-47*).

Die zeitlichen Spannungsverläufe am Piezotranslator (Kondensator) ergeben sich für Ladezyklus

$$U_c(t) = U_o \cdot \left(1 - e^{-\frac{t}{R_L \cdot C}} \right) \tag{5.44}$$

und für Entladezyklus:

$$U_c(t) = U_o \cdot e^{-\frac{t}{R_E \cdot C}} \tag{5.45}$$

Da die Dehnung des Piezotranslators näherungsweise proportional zu der angelegten Betriebsspannung wird, ist es möglich mit einem kleinem RC-Zeit (Gl. 5.44 und 5.45) eine schnelle Ausdehnung des Piezotranslators zu erreichen.

- **Mechanisches Verhalten des Piezotranslators**

Mit der eigenen reduzierten Masse (und zusätzlich bewegten Massen) stellt der Piezotranslator ein schwingungsfähiges System dar. Vereinfacht kann man ihn als gedämpftes Feder-Masse-System betrachten, dessen Ersatzmodell in *Bild 5-48* dargestellt wird.

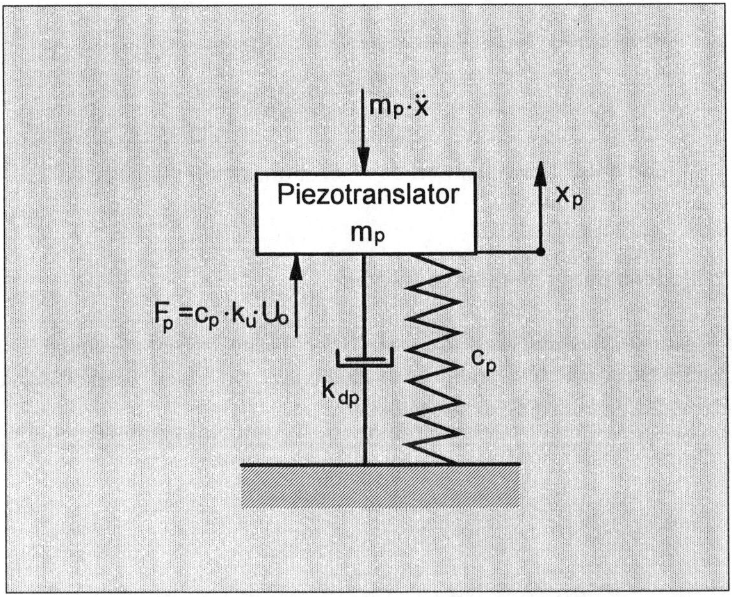

Bild 5-48 : Ersatzmodell des Piezotranslators.

Die Bewegungsgleichung läßt sich aus der Betrachtung des Kraftgleichgewichtes herleiten:

$$m_p \cdot \ddot{x} - k_{dp} \cdot \dot{x}_p - c_p \cdot x_p = F_p \tag{5.47}$$

Der Dämpfungskoeffizient k_{dp} des Piezotranslators wird empirisch bestimmt. In *Bild 5-49* sind die Simulationsergebnisse für zwei verschiedene RC-Zeiten (a) *RC=80 µs* und b) *RC=560 µs*) dargestellt.

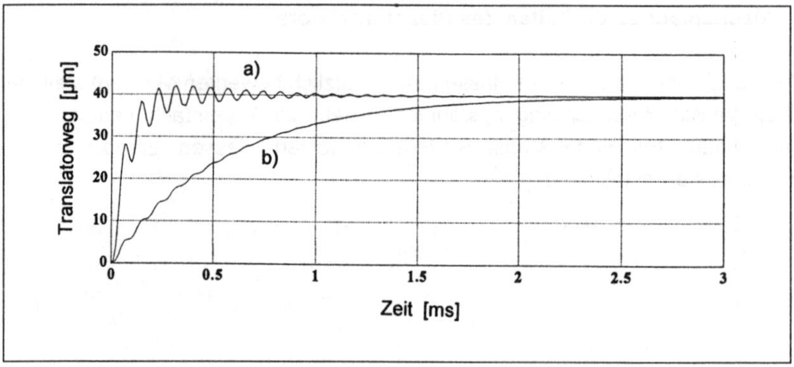

Bild 5-49 : Sprungantwort des Piezotranslators - Simulation.

5.7.2 Modellbildung des Gesamtsystems

Das gesamte System setzt sich aus drei Teilsystemen zusammen, dem Piezotranslator mit Membran, der Ölkammer und dem Stellkolben. Das Ersatzmodell ist in *Bild 5-50* dargestellt.

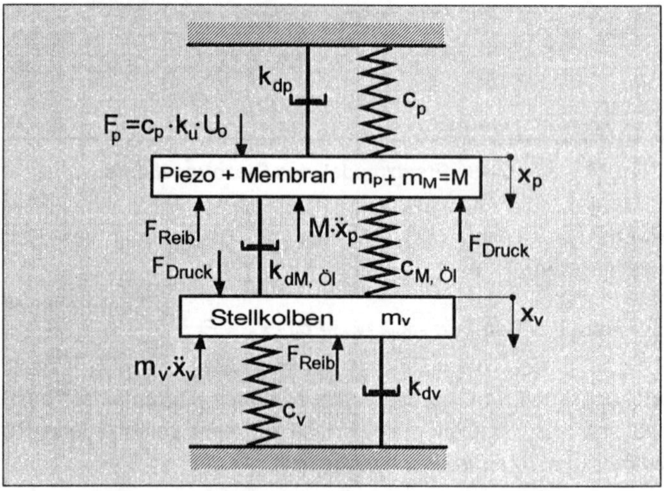

Bild 5-50 : Ersatzmodell des gesamten Systems.

Bei der Modellbildung werden einige Vereinfachungen vorgenommen. Das System wird als reibungsfrei betrachtet, da wegen der verwendeten Membran und des Metallbalges die externe Reibung vernachlässigt wird. Andererseits wird die Dämpfung des Öls in der Ölkammer berücksichtigt. Zwischen den Metallbalgwellen existieren viele Fugen, die wegen des "Squeeze-Film" Effektes zur Dämpfung des Piezoaktuators beitragen.

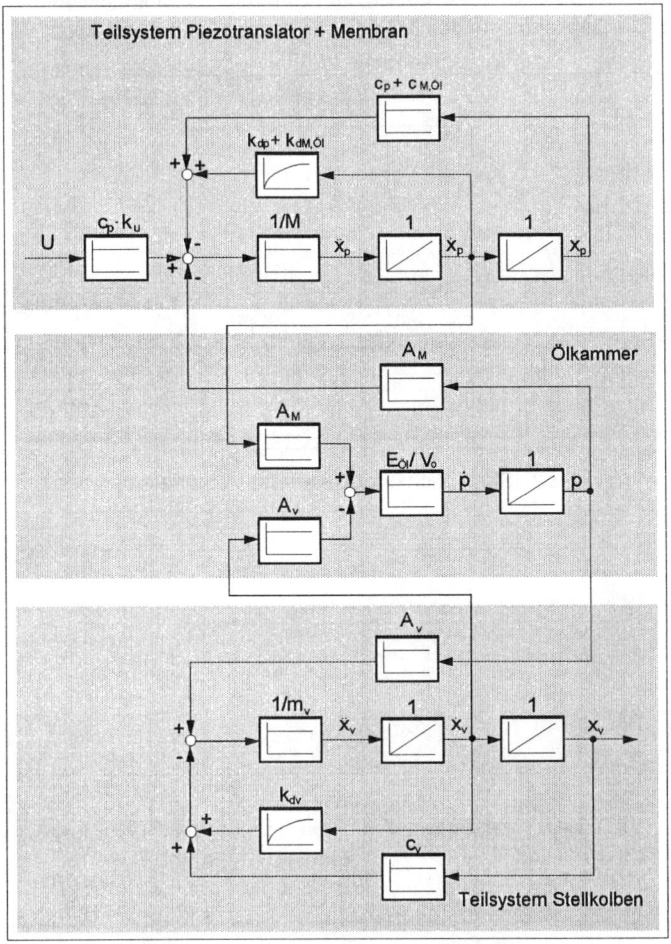

Bild 5-51 : Modell des Piezoaktuators.

Weiterhin werden die Dämpfungskoeffizienten des Piezotranslators, der Membran und des Stellkolbens experimentell ermittelt. Das mathematische Modell des gesamten System (Piezoaktuator) wird in *Bild 5-51* dargestellt.

Die Simulationsergebnisse für einen Sprungantwort bei *90 %* Eingangssignalamplitude zeigt *Bild 5-52.* Die Zeitkonstante des RC-Gliedes beträgt *560 µs*. In *Bild 5-53* wird die Sprungantwort bei *50 %* Eingagssignalamplitude gezeigt. Die Zeitkonstante des RC-Gliedes beträgt auch hier *560 µs*.

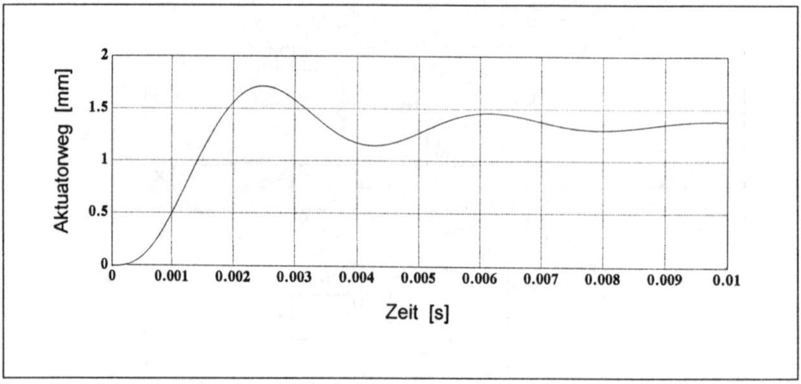

Bild 5-52 : Simulationsergebisse - 90 % Signalamplitude.

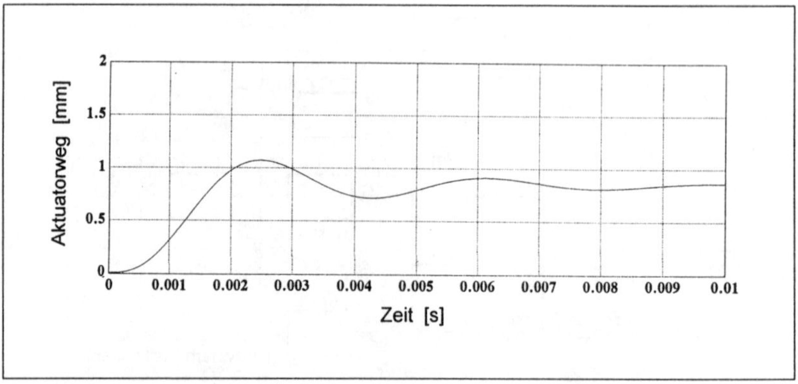

Bild 5-53 : Simulationsergebnisse - 50 % Signalamplitude.

5.8 Experimentelle Untersuchungen des Piezoaktuators

Dieses Kapitel beschreibt die Ergebnisse der experimentellen Untersuchungen des Piezoaktuators mit hydraulischem Wegübersetzer. Der Piezoaktuator wurde sowohl im offenen als auch im geschlossenen Regelkreis betrieben (*Bild 5-54*).

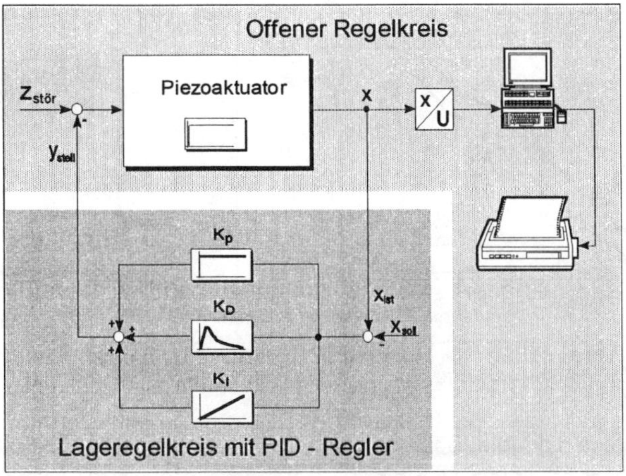

Bild 5-54 : Schematische Darstellung des Prüfstandes zur experimentellen Untersuchung des Piezoaktuators.

Es wurden drei verschiedene Varianten des Piezoaktuators mit den keramischen Niedervolt-Piezotranslatoren unterschiedlicher maximaler Betriebsspannungen von *U=100 V, 150 V und 200 V* aufgebaut. Eine nähere Untersuchung wurde an der dritten Variante des Piezoaktuators mit *200 V* Betriebsspannung durchgeführt, jedoch werden zuerst die Ergebnisse der ersten zwei Varianten dargestellt.

Piezoaktuator 100 V DC

Der Piezoaktuator wird mit einem Piezotranslator *100 V DC* der *Fa. Tokin* betrieben. Die maximale Ausdehnung des Translators beträgt *15 µm* im Leerlauf, dabei wird eine maximale Blockierkraft von *3500 N* erzeugt. In *Bild 5-55* wird die Hysterese und die Sprungantwort des Piezotranslators mit der Metallmembran der Antriebsseite des hydraulischen Wegverstärkers dargestellt. Die Hysterese des Translators beträgt etwa 13 %, was gegenüber üblichen Piezotranslatoren als niedrig zu bezeichnen ist. Die Sprungantwort des Translators weist trotz der Membranwirkung eine hohe Dynamik des Piezotranslators auf, ist aber schlecht gedämpft.

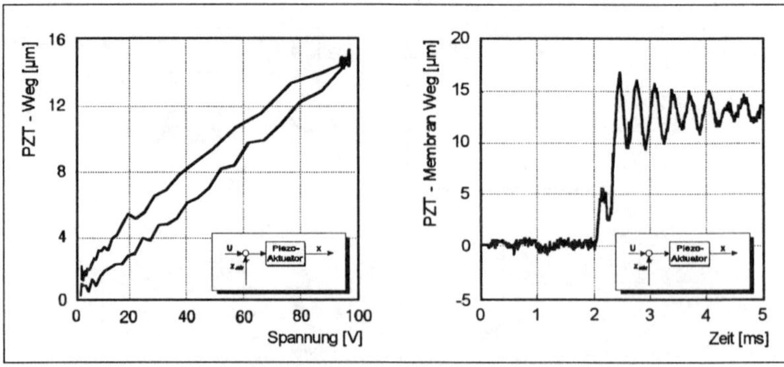

Bild 5-55 : Hysterese und Sprungantwort des Piezotranslators 100 V DC.

Die Hysterese und die Sprungantwort des gesamten Piezoaktuators zeigt *Bild 5-56*. Der maximale Hub beträgt *0,34 mm* bei einer Steifigkeit von *0,25 N/µm*. Die Hysterese beträgt auch hier etwa 13% wie beim Piezotranslator, was bedeutet, daß die externe Reibung im hydraulischen Wegübersetzer extrem niedrig ist. Der Aktuator weist eine sehr gute Dämpfung auf.

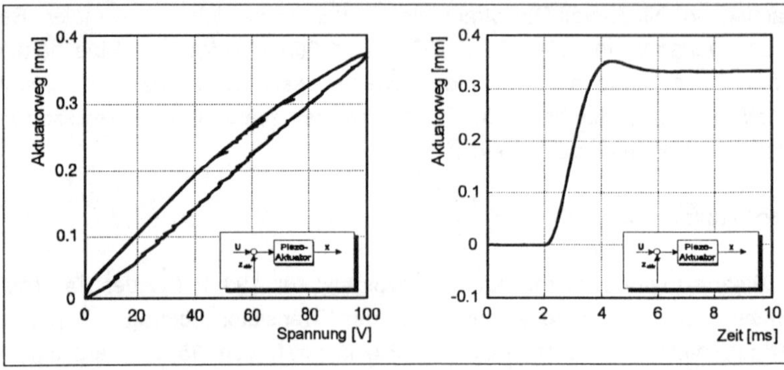

Bild 5-56 : Hysterese und Sprungantwort des gesamten Piezoaktuators.

Piezoaktuator 150 V DC

Um einen größeren Weg des Piezoaktuators bei gleichzeitig kleineren Baumaßen zu ermöglichen, wurde ein Piezotranslator mit der Betriebsspannung *150 V DC* von der Fa. Tokin eingesetzt. Der Piezotranslator besitzt ein Ausdehnungsvermögen von *40 µm* im Leerlauf und eine Blockierkraft von *3 kN*. Der hydraulische Wegübersetzer ermöglicht einen Übersetzungsfaktor *i=17*. Die Konstruktion besitzt größere Baumaße von *90 x 90 x 150 mm³* und ist in *Bild 5-57* dargestellt.

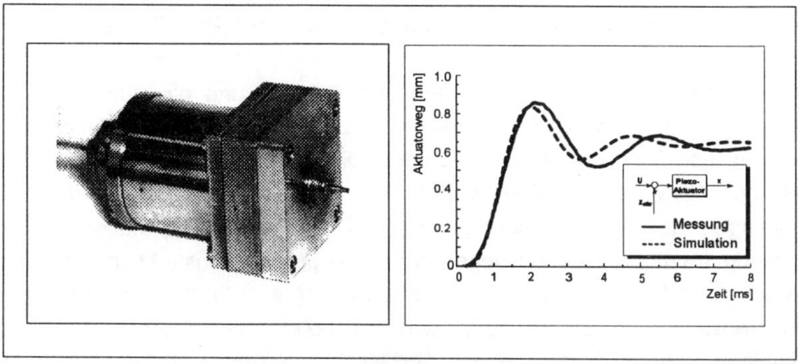

Bild 5-57 : Piezoaktuator 150 V DC.

Ebenfalls ist in *Bild 5-57* die Sprungantwort des gesamten Piezoaktuators, betrieben in offener Steuerkette, beschrieben. Gleichzeitig sind die Meßergebnisse den Ergebnissen der Simulation mit Hilfe des mathematischen Modells (siehe Kap. 5.7) gegenübergestellt, wobei eine gute Übereinstimmung beider Ergebnisse zu sehen ist. Vor allem ist eine gute Dynamik des Piezoaktuators zu erkennen, da die Ausgleichszeit des Aktuators unter T_g = *1 ms* liegt. Der maximale Hub, den der Piezoaktuator ermöglicht, beträgt hier etwa *0,6 mm.* Die Ausgleichszeit und vor allem die Dämpfungseigenschaften des Piezoaktuators verbessern sich erheblich, wenn er im Lageregelkreis mit PID-Regler betrieben wird (*Bild 5-58*). Das Ergebnis des geregelten Piezoantriebes ist auch ein linearer Stellweg, wobei auch die erforderliche Stellgenauigkeit erreicht wird. Damit ist der große Nachteil des Piezoantriebes, nämlich die relativ große Hysterese, kompensiert. Auch die Steifigkeit des Piezoaktuators wird mit der Lageregelung vergrößert.

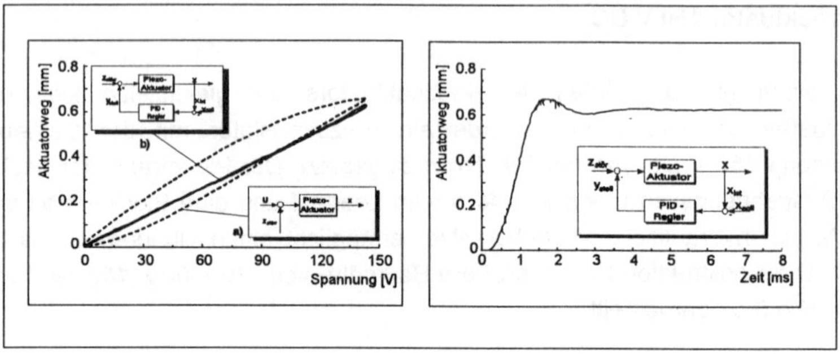

Bild 5-58 : Piezoaktuator im Lageregelkreis mit PID - Regler.

Die erreichbaren Stellwege von mehr als *0,6 mm* und die gute Dynamik machen es möglich, den Piezoaktuator zur direkten Ansteuerung eines hydraulischen Servoventils zu verwenden. Die maximale Blockierkraft erreicht aber nur etwa *160 N.* Ebenfalls ist die Kompensation der thermischen Dehnungen des Piezotranslators und des Öls in der Verstärkerkammer schwierig, da das Ölvolumen wegen der relativ großen Konstruktion groß wird. Wegen der relativ niedrigen Curie-Temperatur (*ca. 140 °C*) und der hohen Piezotranslatorkapazität (*13 µF*), was zu hohen dynamischen Ansteuerleistungen führt, ist bei hohen Arbeitsfrequenzen eine Kühlung des Piezotranslators erforderlich.

Piezoaktuator 200 V DC

In der dritten Variante des Piezoaktuators wird ein Piezotranslator der *Fa. Hoechst CeramTec* mit einer Betriebsspannung *U=200 V* (siehe Kapitel 4) verwendet. Wegen seines großen Kopplungsfaktors (Hub) mit gleichzeitig großer Steifigkeit und relativ niedriger Kapazität (9,6 µF) ist dieser Piezotranslator zum Aufbau des Piezoaktuators sehr geeignet.

In *Bild 5-59* und *5-60* sind die Meßergebnisse der statischen Eigenschaften des Piezoaktuators dargestellt. Die Hub-Kraft Kennlinie (*Bild 5-59*) zeigt den maximalen Leerlaufhub von mehr als *1,6 mm* und die maximale Blockierkraft des Aktuators von über *230 N.* Die Ergebnisse weisen eine mechanische Steifigkeit des Piezoaktuators von *0,15 N/µm* auf. Die Meßergebnisse der Langzeitstabilitätsuntersuchung des Piezoaktuators (*Bild 5-59*), wobei festgestellt wird, daß der Aktuator eine vorgegebene Position über längere Zeit halten kann, beweisen die hermetische Abdichtung der Ölkammer. Bei einem konstanten Sollwert der Steuerspannung ist der Stellweg des Aktuators - trotz der offenen Steuerkette - über die ganze Meßzeit konstant geblieben.

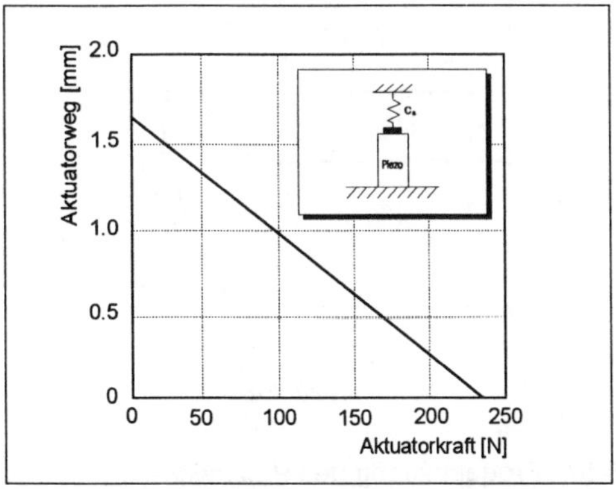

Bild 5-59 : Meßergebnisse der Hub-Kraft Kennlinie.

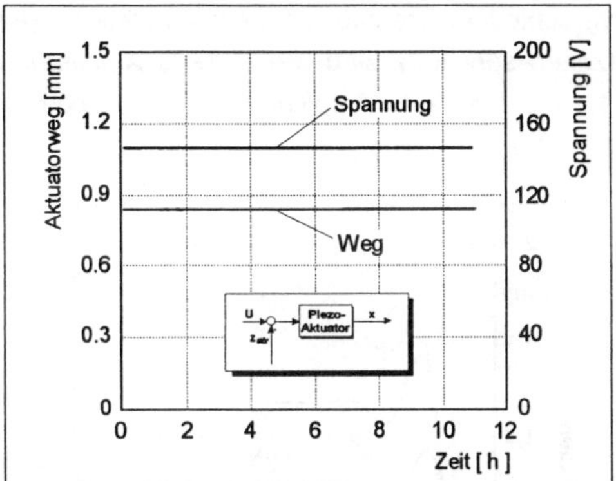

Bild 5-60 : Langzeitstabilität des Piezoaktuators.

Der Frequenzgang des Piezoaktuators (*Bild 5-61*) wird bei *100 %* Signalamplitude in offener Steuerkette gemessen. Die *-3 dB* Frequenz beträgt fast *450 Hz*, während die *-90 Grad* Frequenz *325 Hz* erreicht. Die Ergebnisse zeigen, daß der Piezoaktuator ein sehr hohes dynamisches Potential besitzt und damit für die Ansteuerung hochdynamischer Servoventile sehr geeignet ist.

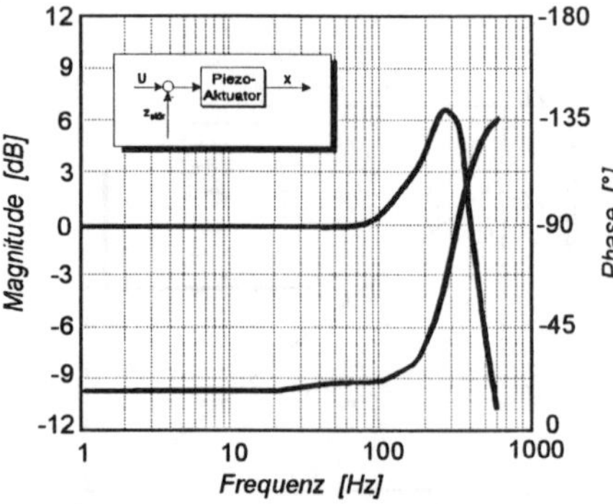

Bild 5-61 : Frequenzgang des Piezoaktuators - gesteuert.

Die Meßergebnisse der Sprungantworten des Piezoaktuators in offener Steuerkette für verschiedene Rechteck Signal-Amplituden (*Bild 5-62*) zeigen, daß die Antwortzeiten sehr kurz sind. Bei *100 % Amplitude* ergibt sich eine Antwortzeit von *1,4 ms*. Bei *20 % Amplitude* (0,32 mm) beträgt die Antwortzeit nur noch *0,5 ms*.

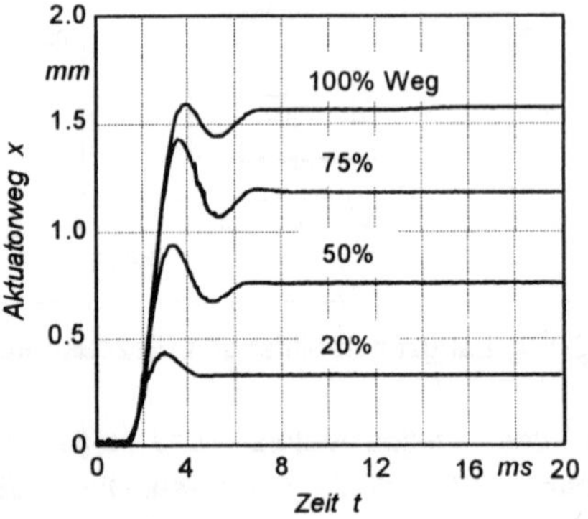

Bild 5-62 : Sprungantwort-Eigenschaften des Piezoaktuators.

Der Verlauf der Steuerspannung und des Aktuatorweges (*Bild 5-63*) bestätigt, daß der Piezoaktuator sehr kurze Reaktionszeiten besitzt. Gleichzeitig zeigen die Überschwingungen des Weges die sehr guten Dämpfungseigenschaften des Piezoaktuators.

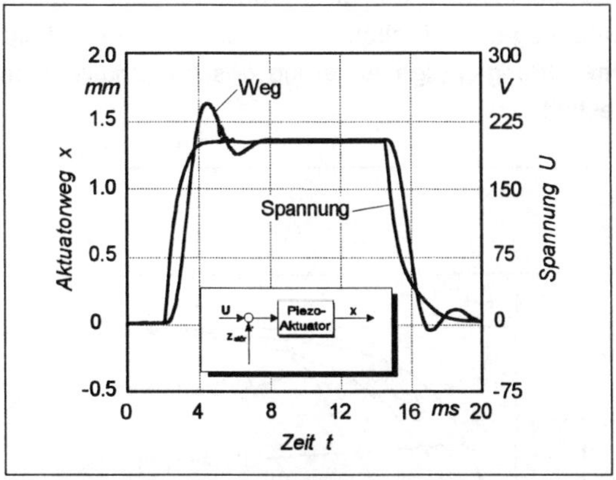

Bild 5-63 : Sprungantwort der Steuerspannung und des Aktuatorweges.

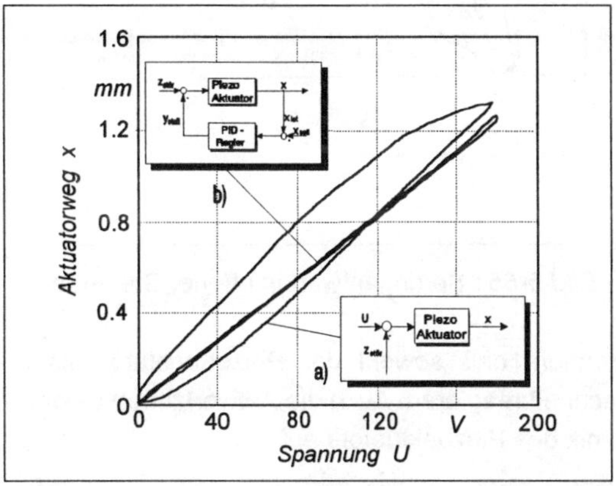

Bild 5-64 : Hystereseerscheinung beim Piezoaktuator.

Ein Nachteil stellt die Stellweg-Charakteristik des gesteuerten Piezoaktuators (*Bild 5-64*) dar. Man kann eine Hystereseerscheinung erkennen, die mit über *20 %* Abweichung zum größten Teil die Folge der Hysterese des

Piezotranslators ist. Wird der Piezoaktuator im Lageregelkreis betrieben, können diese Nachteile kompensiert werden, so daß der Aktuator eine lineare Stellwegcharakteristik erzielt.

In *Bild 5-65* sind die Verläufe der Steuerspannung, des Piezotranslatorweges und des Aktuatorweges, betrieben in der offenen Steuerkette als Sprungantwort auf eine sprungförmige Änderung des Eingangssignals von *U=0* auf *U=170 V* dargestellt.

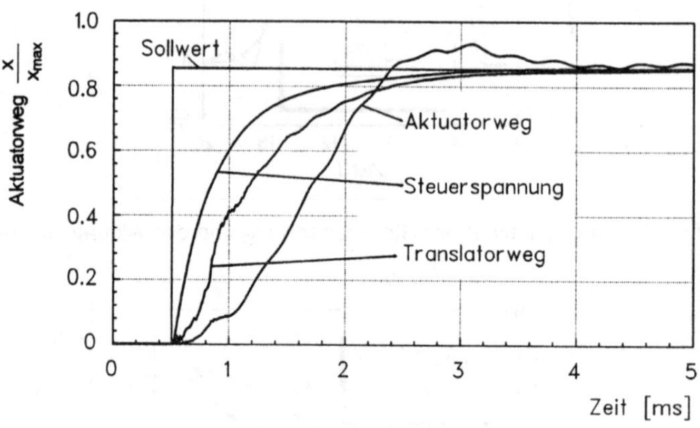

Bild 5-65 : Sprungantwort in offener Steuerkette.

Es ist zu erkennen, daß sowohl der Piezotranslator als auch der ganze Aktuator sehr schnell reagieren. Auch die Antwortzeiten beider Verläufe weisen die hohe Dynamik des Piezoaktuators auf.

Betrieben in einem gechlossenen Lageregelkreis (*Bild 5-66*) zeigt der Piezoaktuator noch kürzere Antwortzeiten. In diesem Bild ist auch der Verlauf der Regelspannung zu erkennen. Der Verlauf dieser Größe ist am Anfang sehr steil und weist eine Überschwingung auf. Danach fällt die Regel-spannung ab, so daß ein schneller Ausgleich des Aktuatorweges möglich ist.

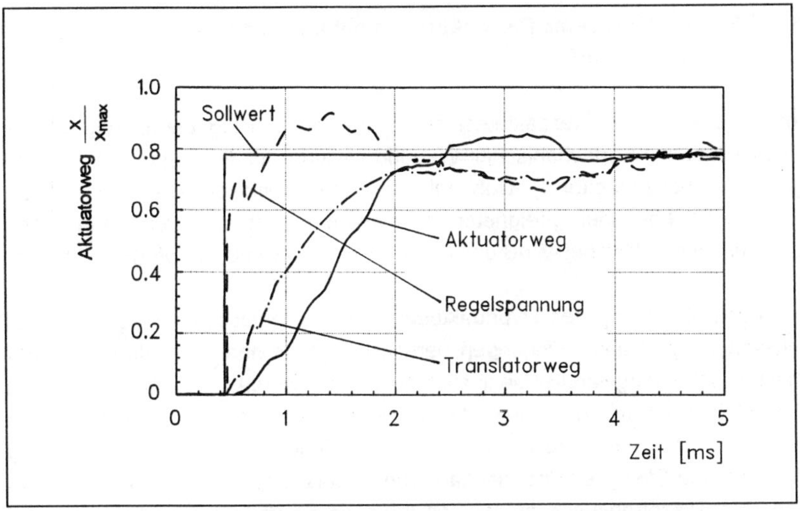

Bild 5-66 : Sprungantwort im geschlossenen Regelkreis.

In *Bild 5-67* ist der Vergleich zwischen gemeßenen und simulierten Ergebnissen für eine Sprungantwort des Piezoaktuators auf *100 %* Eingangssignalamplitude dargestellt. Der Verlauf der Kurven zeigt eine gute Übereinstimmung beider Ergebnisse.

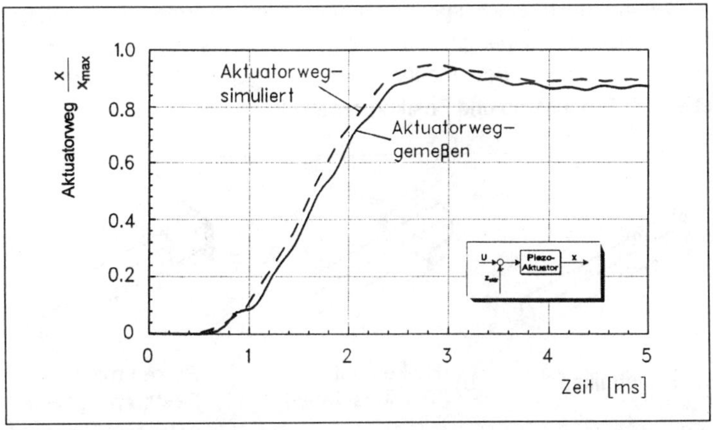

Bild 5-67 : Vergleich zwischen gemeßenen und simulierten Ergebnissen.

6 Entwicklung eines Piezoaktuators mit mechanischer Wegübersetzung

Im Gegensatz zum Piezoaktuator mit hydraulischer Wegübersetzung ist der Piezoaktuator mit mechanischer Wegübersetzung nur für kleinere Stellwege geeignet (siehe Kapitel 4). Daß hat eine hohe Steifigkeit des Aktuators zur Folge, was bei einer geeigneten, spielfreien Konstruktion eine sehr hohe Dynamik über 1 kHz bei -3 dB und damit eine hohe Stellgeschwindigkeit bietet.

Bei der Entwicklung des Hybridaktuators mit mechanischem Wegübersetzer müssen einige Randbedingungen berücksichtigt werden. Vor allem muß der mechanische Wegwandler sehr steif ausgeführt werden, so daß der Verlust des Stellweges bei der Übersetzung wegen der auftretenden Kräfte klein gehalten wird. Damit wird auch der Übertragungsgrad $\eta_{Ü}$ größer. Gleichzeitig darf aber die Steifigkeit des mechanischen Übersetzers nicht zu hoch sein, da sonst der Piezotranslator zu sehr an Ausdehnung verliert. Ebenfalls muß auf die Scher- ,Quer- und Zugkraftempfindlichkeit des Piezotranslators geachtet werden. Wegen der Temperaturabhängigkeit der Translatorausdehnung und des Piezoeffektes und wegen der Erwärmung des Piezotranslators, muß bei einer hohen Arbeitsfrequenz eine Temperaturkompensation bzw. eine Kühlung des gesamten Systems gewährleistet werden.

Die Forderung nach einer spielfreien und reibungsarmen (möglichst ohne externe Reibung) Übersetzung führt zu verschiedenen möglichen Konstruktionsprinzipien des mechanischen Wegübersetzers (*Bild 6-1*), wie Biegebalken, Torionsstab und Festkörpergelenk:

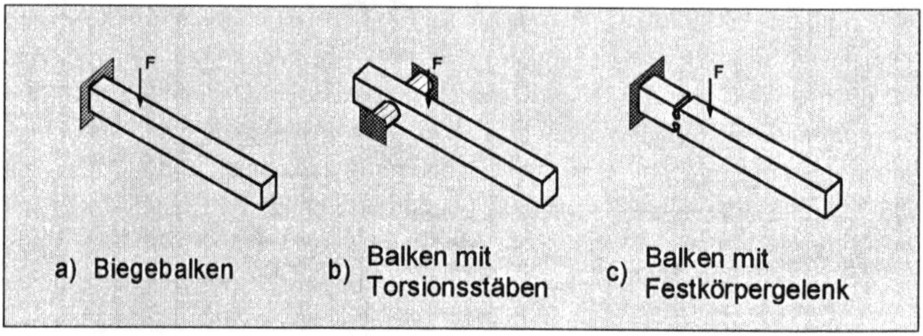

Bild 6-1 : Verschiedene Konstruktionsprinzipien des Übersetzers.

Alle drei Konstruktionsprinzipien werden in den nächsten Unterkapiteln mit Hilfe des FEM Programmes näher untersucht und optimiert. Auf diese Weise soll ein optimaler mechanischer Wegübersetzer ausgelegt werden. Dabei soll der Wegübersetzer ein möglichst kleines Bauvolumen besitzen. Aufgrund der erwünschten hohen Steifigkeit wird der Übersetzungsfaktor in allen drei Fällen auf den Wert $i=10$ begrenzt. Für alle Balkensysteme wird Federstahl 50CrV4 benutzt.

6.1 Biegebalken

Aufgrund der gefordeten Miniaturbauweise erreichen die Auslenkungen des reinen Biegebalkens (*Bild 6-1a*) bei der Durchbiegung wegen der aufgebrachten Piezotranslatorkraft trotz des relativ niedrigen Übersetzungsfaktors Werte bis *0,3 mm* (Ausführung a). Das führt möglicherweise zu hohen mechanischen Spannungen im Einspannquerschnitt. Beim Betrieb eines solchen Wegübersetzers mit Arbeitsfrequenzen bis zu $f = 1\ kHz$ können die durch die Dauerbelastung auftretenden Spannungsspitzen in der Einspannung des Biegebalkens schnell zu Ermüdungserscheinungen im Material und somit zu einem vorzeitigen Ausfall des ganzen Systems führen. Um das zu vermeiden, sollen die durch die Verformung des Biegebalkens hervorgerufenen mechanischen Spannungsspitzen minimiert werden.

Eine mögliche Variante, eine mechanische Spannung durch Verwendung zweier miteinander gekoppelter Biegebalken zu minimieren, wird in *Bild 6-2* dargestellt.

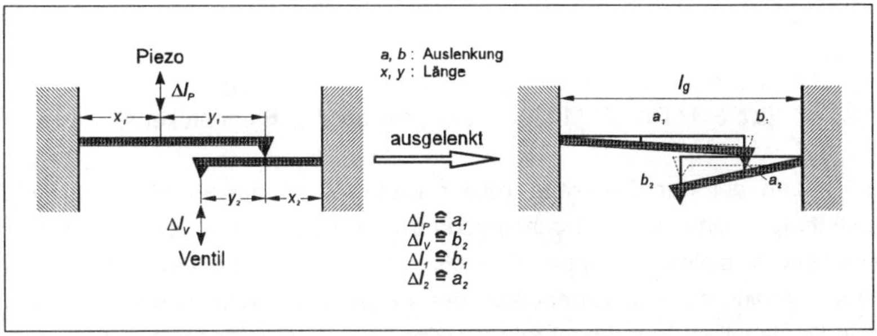

Bild 6-2 : Zwei miteinander gekoppelte Biegebalken.

Die Ausdehnung des Piezotranslators wird von einem Biegebalken auf den anderen übertragen. Dabei sind die beiden Biegebalken geometrisch so angeordnet, daß sie die Längenänderung des Piezotranslators jeweils mit einem gewissen Übersetzungsfaktor weiterleiten. Unter Annahme einer idealen Verformung der Biegebalken, Ausnutzung der Geometrieverhältnisse und Zuhilfenahme des Stralensatzes läßt sich der Übersetzungsfaktor *i* nach einige Umfomungen folgendermaßen ausdrücken:

$$i = \frac{b_2}{a_1} = \frac{l_g \cdot (l_g - x_2)}{2 \cdot x_1 \cdot x_2} \tag{6.1}$$

In *Bild 6-3* wird das FEM-Model des mechanischen Wegübersetzers mit zwei Biegebalken gezeigt. Auf den oberen Balken wird eine Piezotranslatorkraft F_P aufgebracht, während auf den unteren Balken in der Gegenrichtung die Kräfte F_V des Ventils wirken.

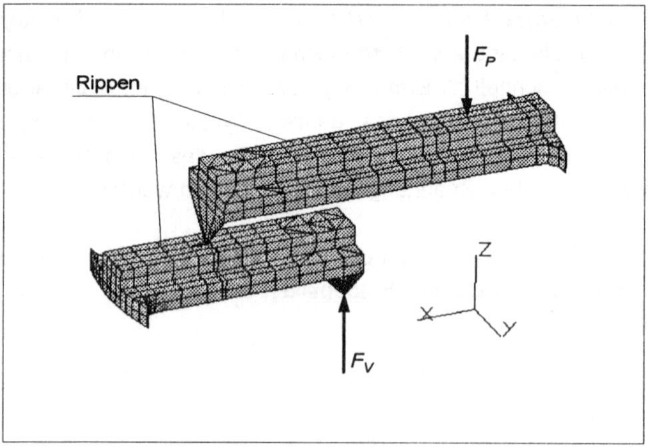

Bild 6-3 : Das FEM-Model des gekoppelten Biegebalkens.

Die Rippen auf der Oberseite beider Biegebalken dienen als zusätzliche Versteifung. Während die Durchbiegung der Biegebalken in der Einspannung erwünscht ist, sollen die Rippen Deformationen, die zu Übersetzungsverlusten führen, verhindern. Die Ergebnisse der FEM-Berechnung zeigen, daß sich beide Biegebalken trotz angebrachter Rippen etwa in ihrer Mitte durchbiegen (*Bild 6-4a*), was zu einem niedrigeren mechanischen Wirkungsgrad führt.

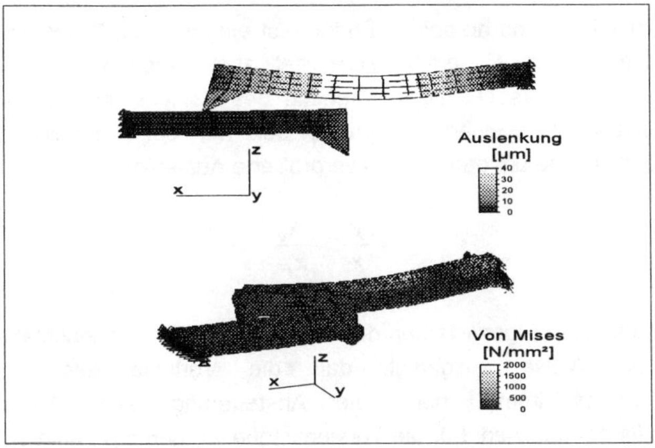

Bild 6-4 : Ergebnisse der FEM-Berechnung.

Die wegen der Verformungen generierten mechanischen Spannungen (*Bild 6-4b*) erreichen sehr hohe Werte, was ebenfalls gegen eine praktische Anwendung des reinen Biegebalkenprinzip spricht. Auch weitere Variationen der Biegebalkengeometrie, wie die Veränderung der Rippenhöhe, Balkenbreite oder -dicke, führen zu keiner deutlichen Verbesserung der Ergebnisse.

6.2 Balken mit Torisonsstäben

Der Balken mit Torsionsstäben stellt ein weiteres Konstruktionsprinzip der mechanischen Wegübersetzung dar (*Bild 6-5*).

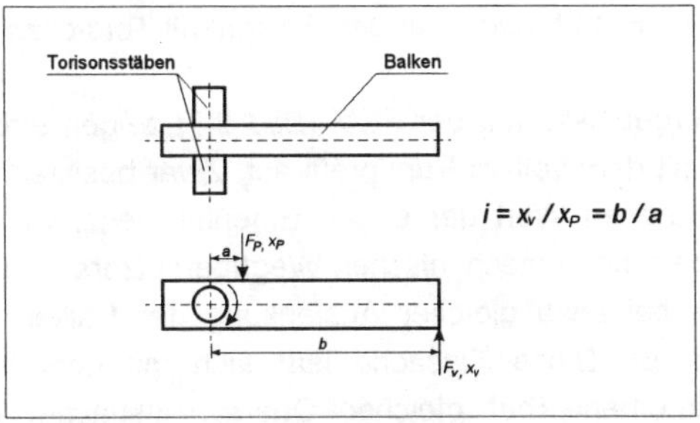

Bild 6-5 : Torsionsprinzip des mechanischen Wegübersetzers.

Die Torsionsstäbe sind an beiden Enden fest eingespannt. Die Krafteinleitung des Piezotranslators F_P erfolgt senkrecht aber exzentrisch zur Torsionsstabachse und verursacht die Verdrehung des Balkens um die Achse. Der Balken erfährt an seinem Endpunkt, der mit der Ventilschieberachse zusammenfällt, eine um den Faktor *i* vergrößerte Auslenkung:

$$i = \frac{y}{x} = \frac{x_V}{x_P} \tag{6.2}$$

Die geometrischen Eigenschaften des Balkens und der Torsionsstäbe werden auf solche Weise ausgelegt, daß die Verluste des übersetzten Translatorweges immer noch die Ansteuerung eines hydraulischen Servoventils ermöglichen. Für die Torsionsstäbe werden zwei unterschiedliche Grundformen - zum einem aus einen vollen, zum anderen aus einen hohlen Rundprofil - untersucht. In *Bild 6-6* werden die FEM-Modelle für beide Konstruktionsvarianten gezeigt.

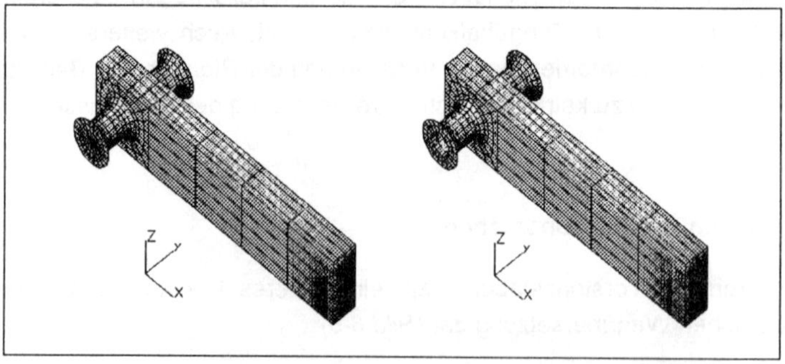

Bild 6-6 : FEM-Modelle für den Balken mit Torsionsstäben.

Die Simulationsergebnisse mit der FEM (*Bild 6-7*) zeigen einige Vorteile des Torsionsstabes mit dem vollem Rundprofil auf. Zwar besitzen beide Varianten den etwa gleich hohen Wert der ersten Eigenfrequenz, was auf eine hohe Dynamik eines derartigen mechanischen Wegübersetzers hindeutet, doch sind die Spannungen bei etwa gleicher Auslenkung der Balken beim Vollprofil-Torsionsstab kleiner. Diese Tatsache läßt sich mit dem höheren polaren Flächenträgheitsmoment (bei gleicher Querschnittsfläche) des Hohlprofil-Torsionsstabes erklären.

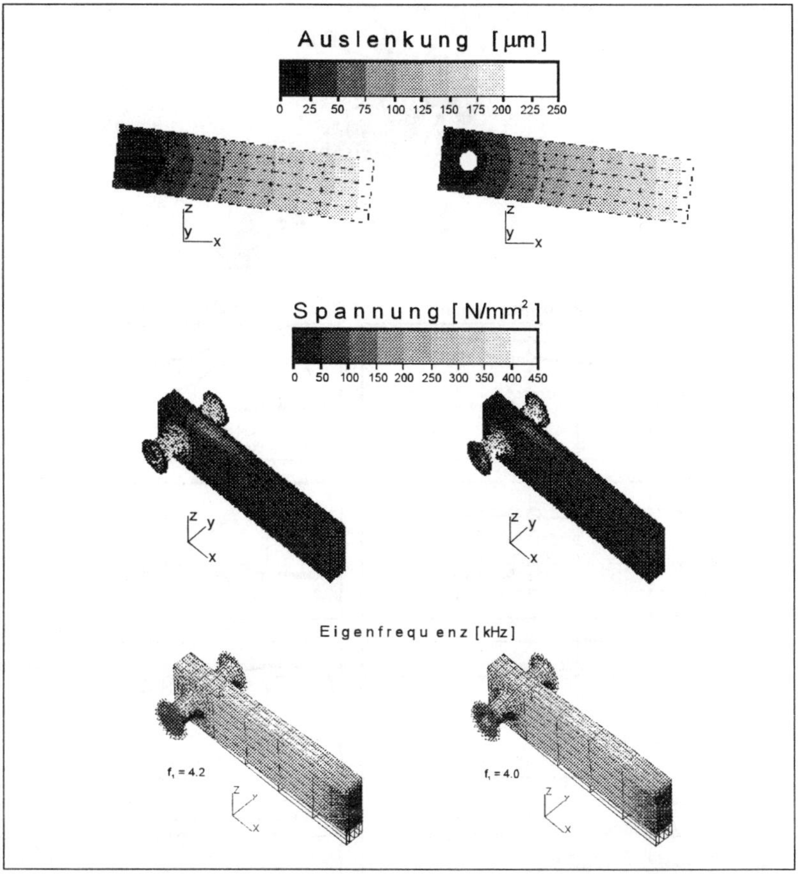

Bild 6-7 : Simulationsergebnisse der FEM-Berechnung für beide Profile.

Aufgrund der günstigeren Berechnungsergebnisse hinsichtlich der maximalen Auslenkung und Spannungsverteilung wird der Balken mit Vollprofil-Torsionsstäben weiter untersucht. Dabei sind vor allem die Modifikation der Torsionsstabgeometrie (Länge *l* und Durchmesser ϕ) und Reduktion der Gesamtmasse des Balkens (Abwandlung des Balkenprofils) vorgesehen, was zu höheren Werten der ersten Eigenschwingungsfrequenz führt. In *Bild 6-8* sind die Simulationsergebnisse der FEM-Berechnungen für ein optimales Balkenprofil mit Variationen der Torsionsstabgeometrie in Diagrammform zusammengefaßt.

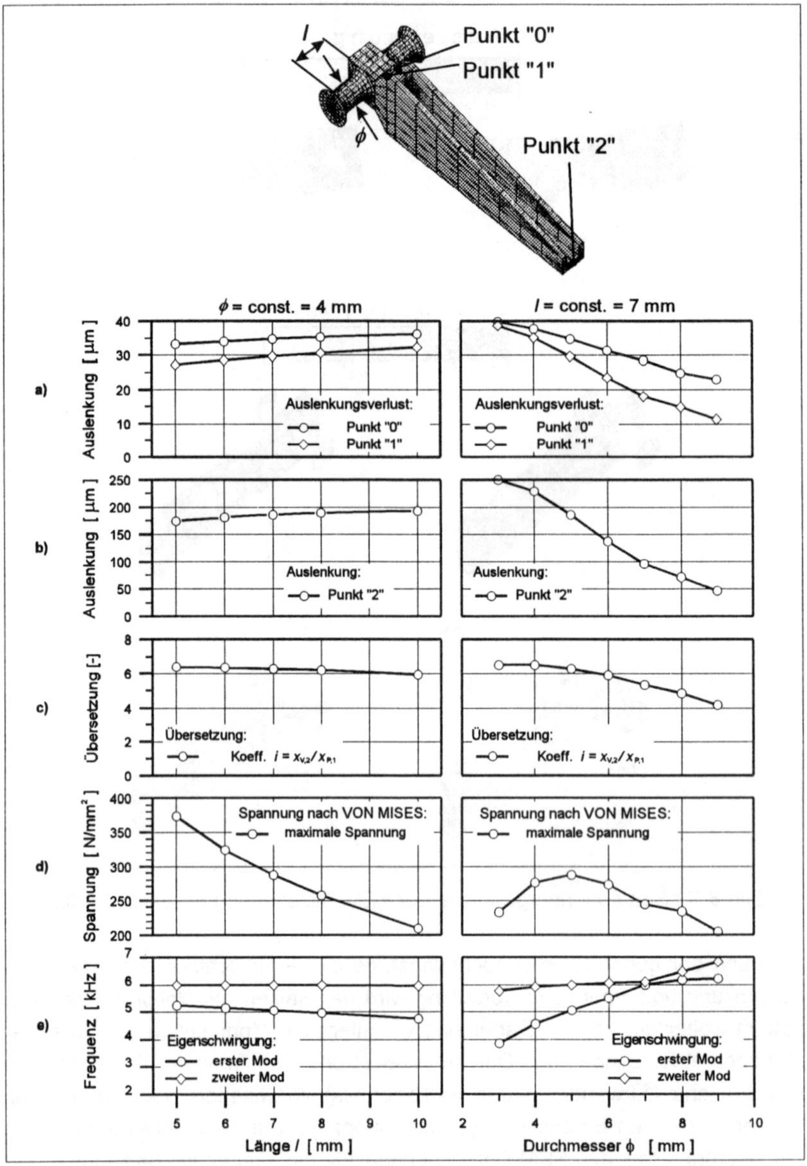

Bild 6-8 : Simulationsergebnisse der Torsionsstabgeometrie Variation.

Dabei stellt an der Stelle am Ende des Balkens (Punkt "2") die Auslenkung des Wegübersetzers dar, die für die Verstellung des Ventilschiebers benutzt wird. An der Stelle, an der die Piezotranslatorkraft eingeleitet wird (Punkt "0"), ist die Auslenkung, die identisch zur Piezotranslator-Ausdehnung ist, etwas größer als an der Stelle des seitlich versetzten Punktes "1". Das läßt sich mit dem Eindringen des Translators in das Material erklären. Diese Erscheinung ist durch die Hertz'sche Pressung zweier sich berührender Körper bedingt. Sie wird durch den theoretischen Ansatz verstärkt, der davon ausgeht, daß die Auslenkung punktuell an einem Knoten des FEM-Netzes ansetzt, während sie in der Realität auf mehrere Punkte bzw. eine Fläche verteilt wird. Diese Erkenntnis muß in der praktischen Realisierung besonders berücksichtigt werden.

Ein wichtiger Parameter bei dem mechanischen Wegübersetzer ist der Übersetzungsfaktor *i*, da von ihm der Endstellweg des ganzen Systems abhängt. Die Simulationsergebnisse zeigen, daß der tatsächliche Übersetzungsfaktor um etwa 20 % unter dem analytisch berechneten Wert liegt. Die Ursache dafür liegt in der tatsächlichen Position der Verdrehungsachse des Balkens. Wie in *Bild 6-9* gezeigt wird, stimmt die Achse, um die sich der gesamte Balken verdreht, nicht mit der theoretisch bestimmten Torsionsstabachse überein.

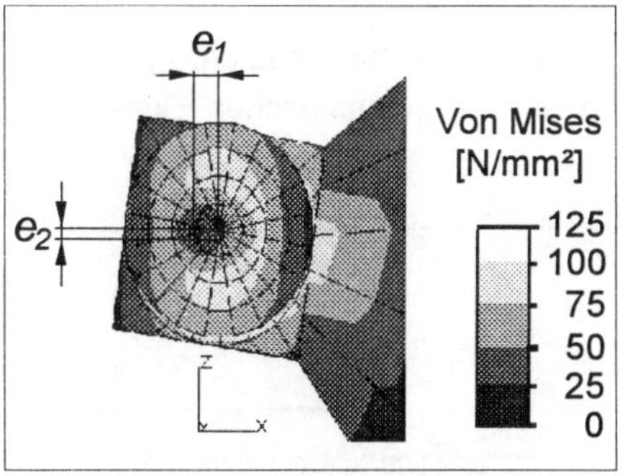

Bild 6-9 : Verschiebung der Drehachse.

Da der Balken mit Torsionsstäben nicht nur auf Torsion, sondern auch auf Biegung beansprucht wird (dieser Effekt wächst mit der Verlängerung des Torsionsstabes), wandert die Drehachse des Balkens aus der theoretisch bestimmten Lage aus. Dies führt zu einer Veränderung der geometrischen Längenverhältnisse und somit zu einer Reduzierung des theoretischen Übersetzungsfaktors *i*.

6.3 Balken mit Festkörpergelenk

Um kleine Winkeländerungen mit relativ großen Kräften und hoher Dynamik spielfrei weiter zu leiten, sind die elastischen Gelenkpunkte, sogenannte Festkörpergelenke besonders geeignet. Der Balken mit Festkörpergelenk ist dem reinen Biegebalken ähnlich. Sowohl der Biegebalken als auch der Balken mit Festkörpergelenk werden auf Biegung beansprucht. Der Unterschied besteht darin, daß dem Balken mit Festkörpergelenk die Verformung an einer bestimmten Stelle, dort wo sich das Festkörpergelenk befindet, aufgezwungen wird. Bei der Auslegung eines derartigen mechanischen Wegübersetzers muß der Auslegung des Festkörpergelenks eine große Aufmerksamkeit geschenkt werden.

6.3.1 Physikalische Grundlagen

Betrachtet wird ein Biegebalken mit Festkörpergelenk unter Einwirkung der Piezotranslatorkraft mit seinen geometrischen Eigenschaften, wie in *Bild 6-10* dargestellt /W2/.

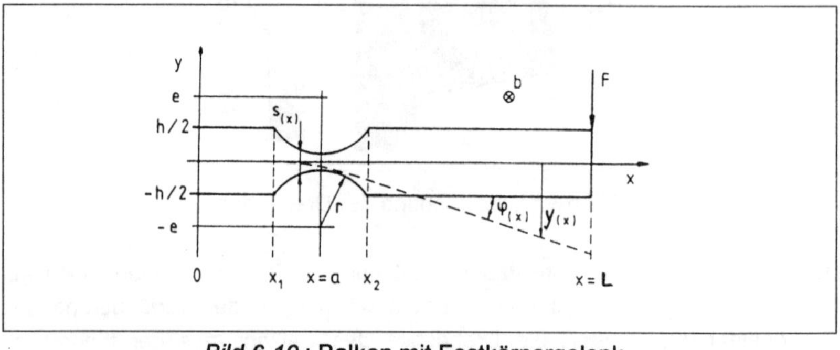

Bild 6-10 : Balken mit Festkörpergelenk.

Nach /W2/ läßt sich die Steghöhe s_x , d.h. das Verlauf der Form des Festkörpergelenkes folgendermaßen ausdrücken:

$$s_{(x)} = \begin{cases} h & \text{für } x \le x_1 = a - \sqrt{r^2 - \left(e - \frac{h}{2}\right)^2} \\ 2 \cdot e - 2 \cdot \sqrt{r^2 - (x-a)^2} & \text{für } x_1 \le x \le x_2 \\ h & \text{für } x_1 \ge x_2 = a + \sqrt{r^2 - \left(e - \frac{h}{2}\right)^2} \end{cases} \tag{6.3}$$

Bei reiner Biegung ergibt sich der Zusammenhang zwischen dem Biegemoment $M_b(x)$ und der Balkenkrümmung als Deformation mit dem Krümmungsradius ρ /A1/:

$$\frac{1}{\rho} = \frac{M_b(x)}{E \cdot I(x)} \tag{6.4}$$

Die Gleichung der Biegelinie $y(x)$ des Balkens ergibt sich aus der Differentialgleichung der elastischen Linie:

$$y''(x) = \frac{1}{\rho} = \frac{-M_b(x)}{E \cdot I(x)} = \frac{12 \cdot F_P \cdot (L-x)}{E \cdot b \cdot s^3(x)} \tag{6.5}$$

wobei mit b die Breite des Balkens bezeichnet wird. Mit Hilfe der Gleichung (6.3) und nach zweimaliger Integration der Gleichung (6.5) ergibt sich die Durchbiegung des Balkens an der Stelle $x=L$:

$$y(x) = \frac{3 \cdot F_P \cdot (L-a)}{2 \cdot E \cdot b} \cdot \int_{x_1}^{x_2} \frac{L-x}{\left(e - \sqrt{r^2 - (x-a)^2}\right)^3} \tag{6.6}$$

Für kleine Winkelveränderungen, d.h. Verformungen des Balkens kann der Verformungswinkel φ folgendermaßen ermittelt werden:

$$y'(x) = -\tan\varphi \approx -\widehat{\varphi} \tag{6.7}$$

Die im Material auftretende Spannung für den kritischen Querschnitt des Festkörpergelenkes bei $x=a$ ergibt sich nach folgender Gleichung:

$$\sigma_{b,max} = \frac{M_b(x)}{W_b(x)} = \frac{3 \cdot F_P \cdot (L-a)}{2 \cdot b \cdot (e-r)^2} \tag{6.8}$$

Die auftretenden Schubspannungen sind demgegenüber gering und werden vernachlässigt. Die Ergebnisse der analytischen Beschreibung können zur Simulation des mechanischen Wegübersetzers verwendet werden. Eine genauere Untersuchung bietet aber eine FEM-Berechnung.

6.3.2 Auslegung und Analyse mit Hilfe von FEM

Nachfolgend werden zwei unterschiedliche Einspannprinzipien des Balkens mit Festkörpergelenk (FG) mit Hilfe der FEM untersucht (*Bild 6-11*).

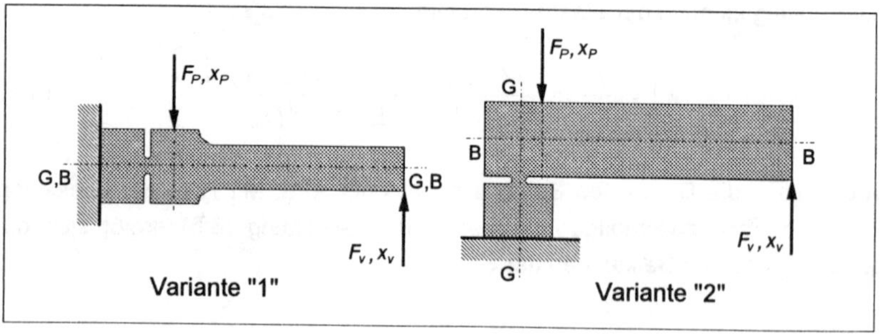

Bild 6-11 : Einspannprinzipien des Balkens mit Festkörpergelenk.

Der wesentliche Unterschied zwischen beiden Prinzipien liegt neben der Art der Einspannung auch an der Stelle, wo die Piezotranslatorkraft eingeleitet wird. Bei der Variante "1" liegt die Richtung der Krafteinleitung senkrecht zur Mittelebene des Festkörpergelenks (*G-G*) und des Balkens (*B-B*), während bei der Variante "2" die Richtung der Krafteinleitung paralell zur Mittelebene (*G-G*) und senkrecht zur Mittelebene (*B-B*) liegt. Der Vergleich der FEM-Ergebnisse beider Varianten (*Bild 6-12*) verdeutlicht den Vorteil des L-förmigen Balkens (Variante "2"). Bei gleicher Anfangsauslenkung des Piezotranslators ist die maximale Auslenkung des Balges bei der Variante "2" um etwa mehr als *10%* größer als bei Variante "1". Jedoch sind bei beiden Varianten Übersetzungsverluste zu verzeichnen (ca. *20%* bei Variante "1" und *10%* bei Variante "2").

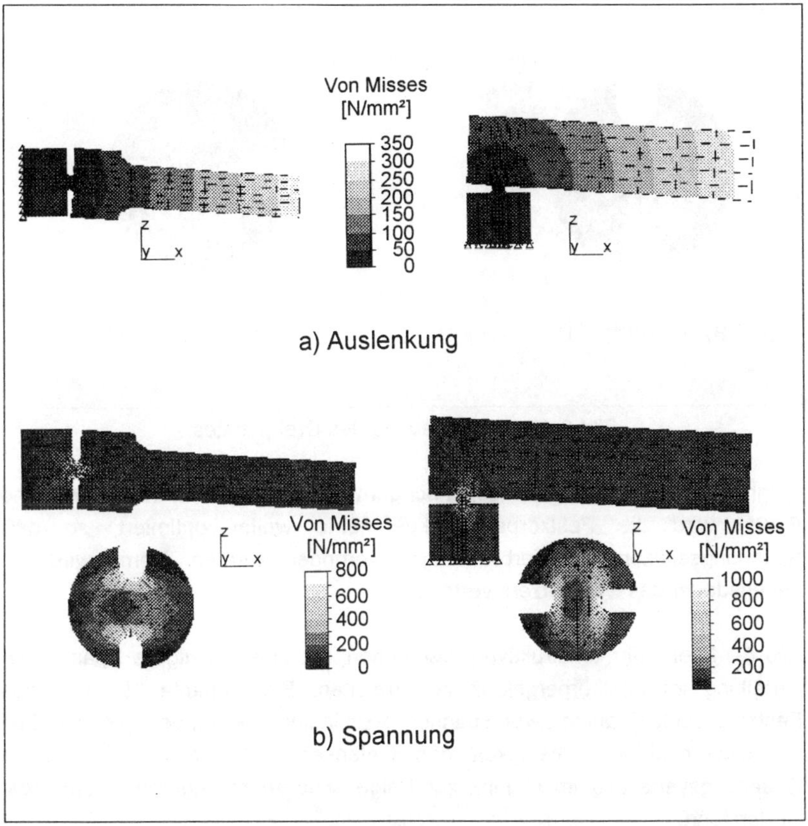

Bild 6-12 : FEM-Ergebnisse beider Varianten.

Wegen der Verschiebung des Drehpunktes aus der analytisch bestimmten Lage (*Bild 6-13*) treten auch hier, wie schon in *Kapitel 6.2* beschrieben, Übersetzungsverluste auf. Besonders bemerkungswert ist dieses Phänomen bei der Variante "1". Der Drehpunkt der Biegung fällt nicht mit dem Mittelpunkt des Festkörpergelenkes zusammen, sondern wird verschoben und verursacht dadurch die Veränderung der geometrischen Verhältnisse. Die konstruktive Gestaltung des L-förmigen Balkens verhindert die Verluste weitgehend, so daß eine weitere Optimierung dieser Konstruktionsform des Balkens vorgenommen wird.

Bild 6-13 : Verschiebung des Drehpunktes.

Aufgrund der hohen Vergleichsspannung im Festkörpergelenk (*Bild 6-12b* und *6-13b*) wird die Festkörpergelenkgeometrie weiter optimiert, so daß Spannungsspitzen und Kerbwirkungen verringert werden. Damit wird die Lebensdauer des Übersetzers verlängert.

Bild 6-14 zeigt die konstruktive Maßnahmen, um eine günstigere Spannungsverteilung im Festkörpergelenk zu erreichen. Bei Variante "3" wird das Festkörpergelenk durch zwei Spannungs-Entlastungsbohrungen geformt. Das hat eine niedrigere Steifigkeit des Gelenkes und damit auch bessere Spannungsverteilung im Gelenk zur Folge, was zu niedrigeren Spannungswerten führt.

Bei Variante "4" wird mit Hilfe der Langlochentlastungsbohrungen die Spannungsverteilung im Festkörpergelenk günstiger, was zu einer maximalen Biegespannung im Gelenk von ca. *400 N/mm²* führt. Diese Form des Festkörpergelenkes hat auch eine minimale Drehpunktverschiebung und niedrigere Steifigkeit zur Folge, was die Auslenkung des Balkens und damit auch den mechanischen Wirkungsgrad erhöht.

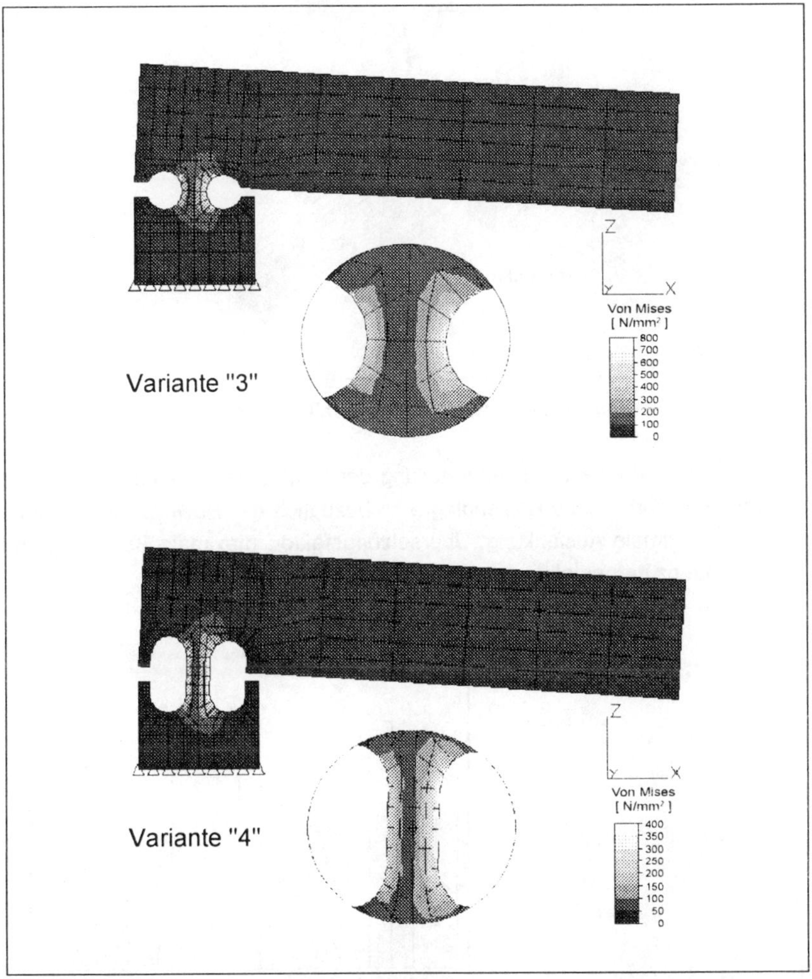

Bild 6-14 : Spannungs-Entlastungsmaßnahmen am Festkörpergelenk.

Etwas ungünstig wirkt sich diese Festkörpergelenkform wegen ihrer niedrigeren Steifigkeit auf die Eigenschwingung des Balkens aus (*Bild 6-15*). Die Modalanalyse mit Hilfe von FEM zeigt, daß die Höhe der ersten Eigenfrequenz (*4.3 kHz*) hohe Arbeitsfrequenzen des mechanischen Wegübersetzers bis in den *kHz-Bereich* ermöglicht.

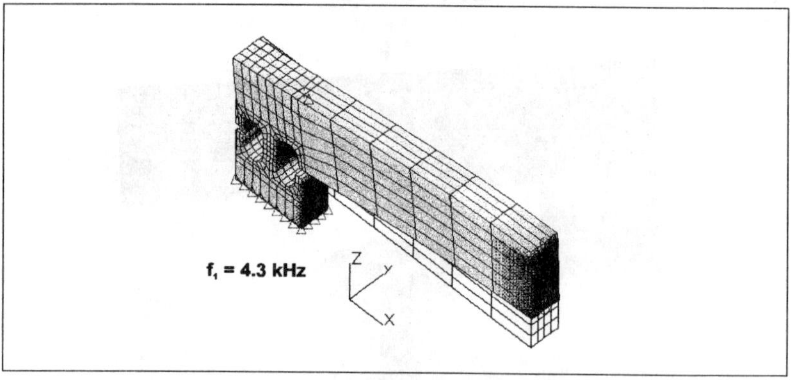

Bild 6-15 : Eigenschwingung des Balkens (Variante "4").

In *Bild 6-16* wird eine Gegenüberstellung der FEM-Berechnungen für alle vier Varianten in Form eines Balkendiagrams bezüglich der Bewertungsmerkmale wie z.B. maximale Auslenkung, Übersetzungsfaktor, maximale Spannung und Eigenfrequenz dargestellt.

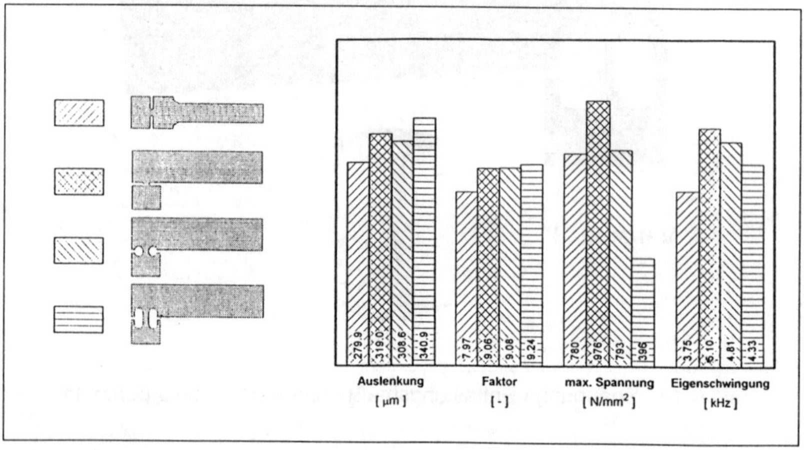

Bild 6-16 : Berechnungsergebnisse (Variante "1" - "4").

Den Einfluß des Abstandes des Piezotranslators vom Drehpunkt des Festkörpergelenkes auf den Stellweg des Übersetzers bzw. auf den Übersetzungsfaktor und auf die Spannung im Festkörpergelenk zeigt *Bild 6-17*.

Ausgehend von dem Punkt, an dem der Piezotranslator den Balken berührt, wird der Berührungspunkt sowohl in die negative als auch in die positive x-Richtung verschoben.

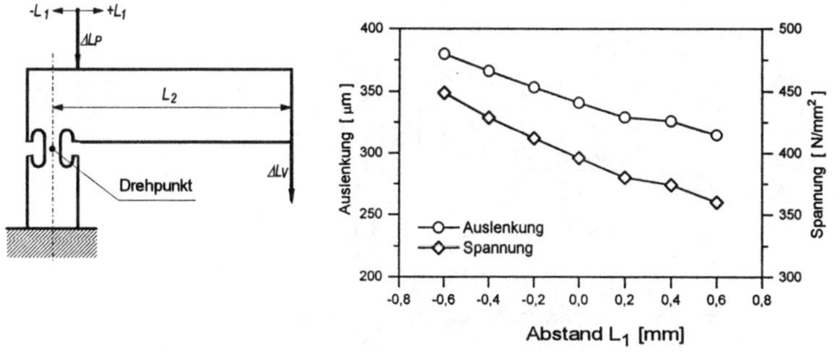

Bild 6-17 : Variation des Berührungspunktabstandes.

6.4 Konstruktiver Aufbau des Piezoaktuators

Für den Bau des Piezoaktuators mit mechanischer Wegübersetzung wird der Balken mit dem Festkörpergelenk der Variante "4" verwendet. Da die Spannungsbelastungen relativ hoch liegen, wird der Balken mit Festkörpergelenk einer Vergütung durch Wärmebehandlung unterzogen. Die Nachvergütung führt zu einer Steigerung der Festigkeitskennwerte, was einen großen Sicherheitsfaktor und damit auch eine hohe Lebensdauer des mechanischen Wegübersetzers gewährleistet.

Der Hybridaktuator setzt sich aus zwei wesentlichen Bestandteilen zusammen, dem Niedervolt-Piezotranslator (*200 V*) und dem mechanischen Wegübersetzer zur Hubvergrößerung. In *Bild 6-18* ist die Zusammenstellungszeichnung des Hybridaktuators dargestellt. Ebenso wie beim Aktuator mit hydraulischem Wegübersetzer tritt auch hier das Problem der Temperaturkompensation wegen unterschiedlicher Temperaturausdehnungskoeffizienten der verwendeten Baumaterialien (Keramik, Stahl) auf.

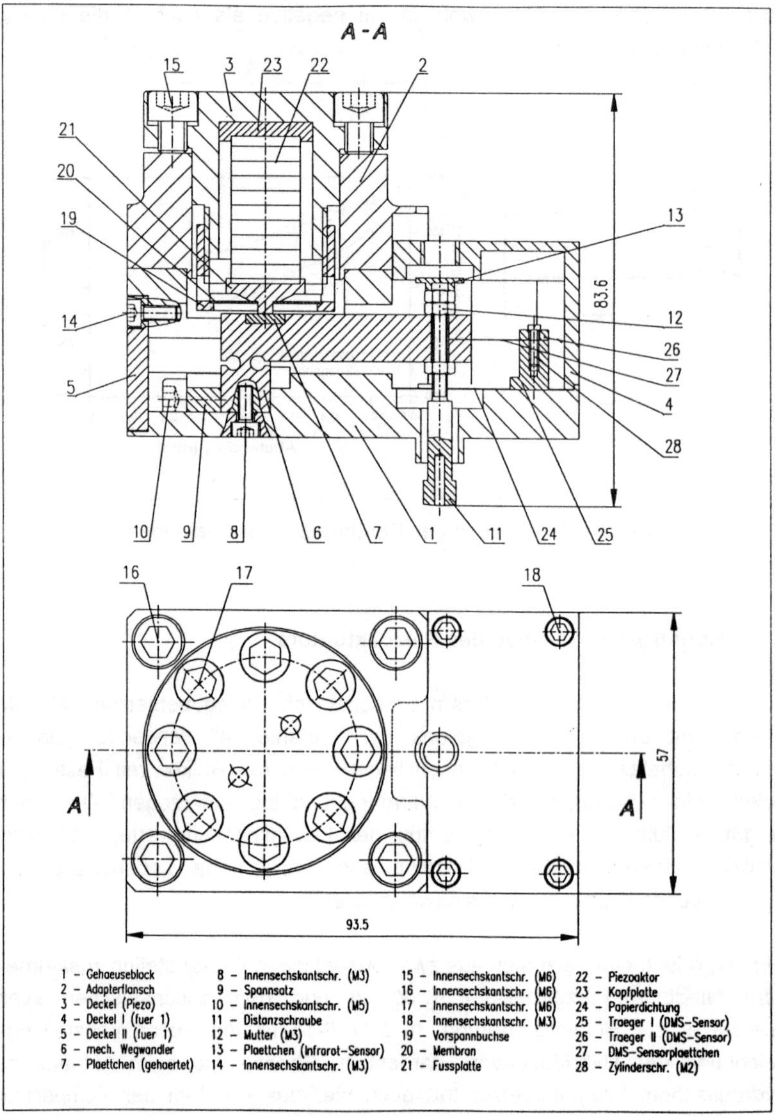

Bild 6-18 : **Hybridaktuator mit mechanischer Wegübersetzung.**

6.5 Experimentelle Untersuchung des Piezoaktuators

Der Prüfstandsaufbau zur experimentellen Untersuchungen des Piezoaktuators ist identisch mit dem aus dem Bild 5-60. Auch beim Piezoaktuator mit mechanischem Wegübersetzer werden statische und dynamische Eigenschaften untersucht.

Die Bedingungen bei der thermischen Dehnung des Aktuators unterscheiden sich von denen beim hydraulischen Wegübersetzer, da beim mechanischen Wegübersetzer der Piezotranslator direkt auf den Balken drückt. So ergeben sich zwei unterschiedlich große Ausdehnungen des Piezotranslators und der Stahlbüchse (*Bild 6-19*)

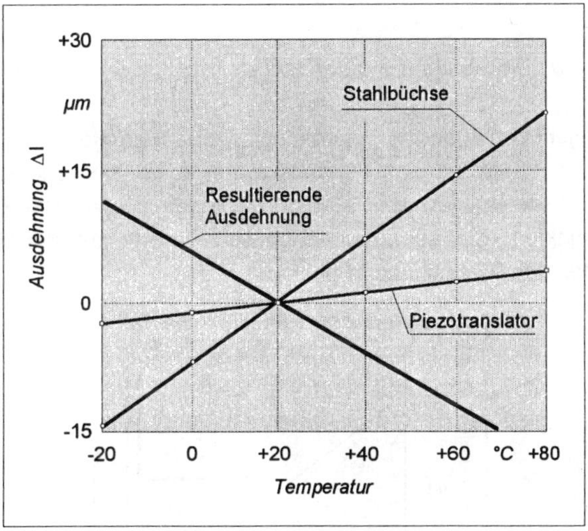

Bild 6-19 : Ausdehnug des Piezotranslators und der Stahlbüchse.

Ähnlich wie beim Piezoaktuator mit hydraulischem Wegübersetzer (*Bild 5-30*) ergibt sich auch hier eine resultierende Ausdehnung, die aber mit dem Übersetzungsfaktor verstärkt wird (*Bild 6-20*). Mit steigender Temperatur bewegt sich deswegen der Stellstößel des Aktuators in negative Richtung. Mit sinkender Temperatur wird die Ausdehnungsrichtung umgekehrt.

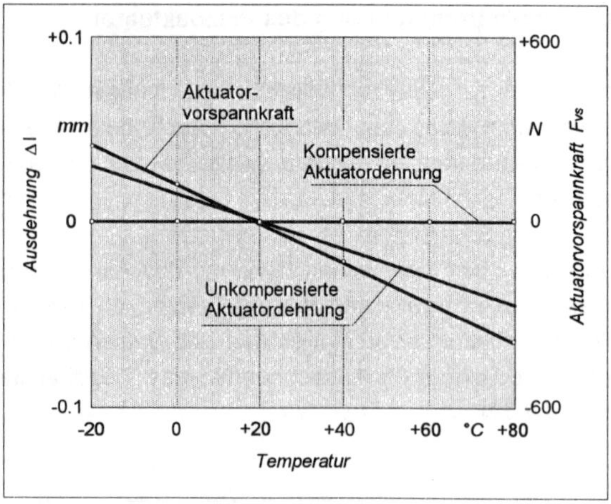

Bild 6-20 : Die Ausdehnung des Stellstößels und die Kompensation.

Mit der gegenüberliegenden Anordnung zweier Aktuatoren und mit einer geeigneten Vorspannung des Piezoaktuators ist es möglich, auch hier die thermische Ausdehnungen des Aktuators zu kompensieren. Dabei ändert sich die Vorspannkraft, die aber keinen großen Einfluß auf die dynamischen Eigenschaften des Piezoaktuator hat.

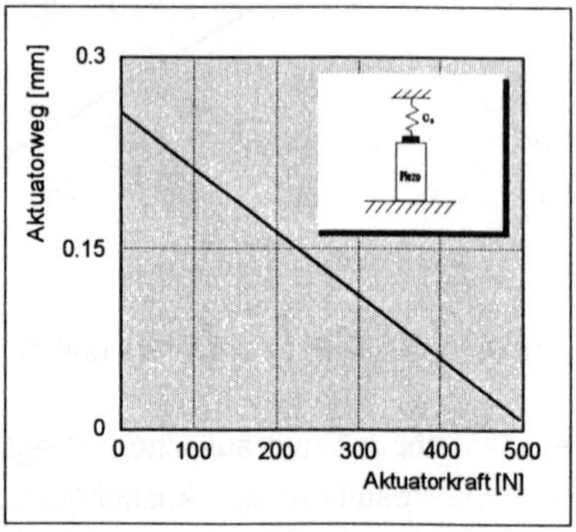

Bild 6-21 : Hub-Kraft Kennlinie des Aktuators.

Die Hub-Kraft Kennlinie (*Bild 6-21*) gibt den maximalen Leerlaufhub und die maximale Blockierkraft des Piezoaktuators mit mechanischem Wegübersetzer wieder. Die Meßergebisse ergeben eine maximale Blockierkraft von mehr als *500 N* und einen maximalen Leerlaufhub bis *0,25 mm*. Daraus folgt, daß der Aktuator für kleine Hübe und große Kräfte geeignet ist.

Daß der Piezoaktuator mit mechanischem Wegübersetzer eine hohe Dynamik besitzt, ist in *Bild 6-22* zu sehen. Der Frequenzgang des Aktuators wird bei *100 %* Signalamplitude in offener Steuerkette gemessen. Die *-3 dB* Frequenz beträgt etwa *1,2 kHz*, während die *-90 Grad* Frequenz *550 Hz* erreicht.

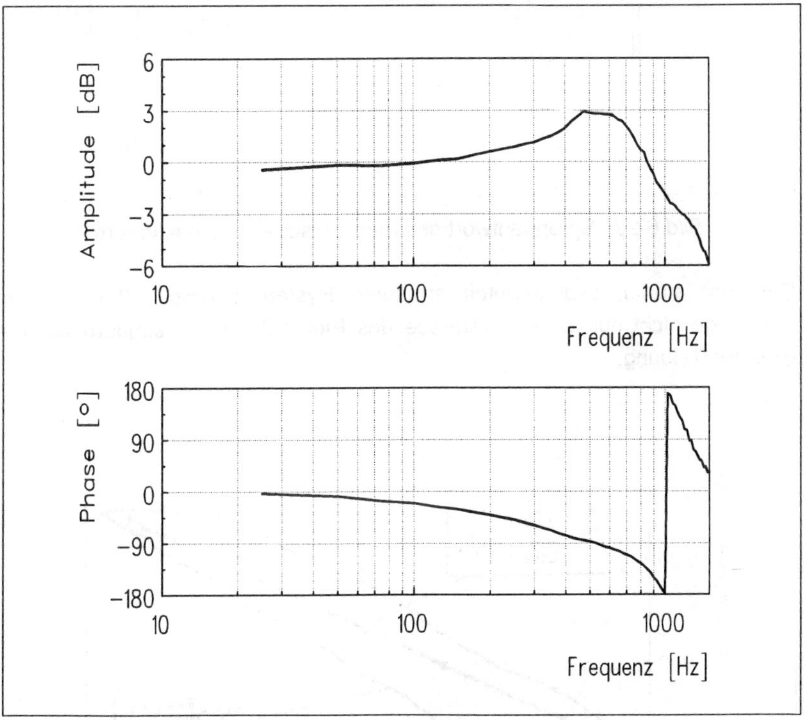

Bild 6-22 : Frequenzgang des Aktuators - gesteuert.

Bei der Sprungantwort (offene Steuerkette) auf eine sprungförmige Änderung des Eingangssignals von *U=0* auf *U=200 V* sind relativ starke Schwingungen zu sehen, die auf einen niedrigen Dämpfungsgrad des Aktuators hinweisen. Die experimentellen Ergebnisse zeigt *Bild 6-23*.

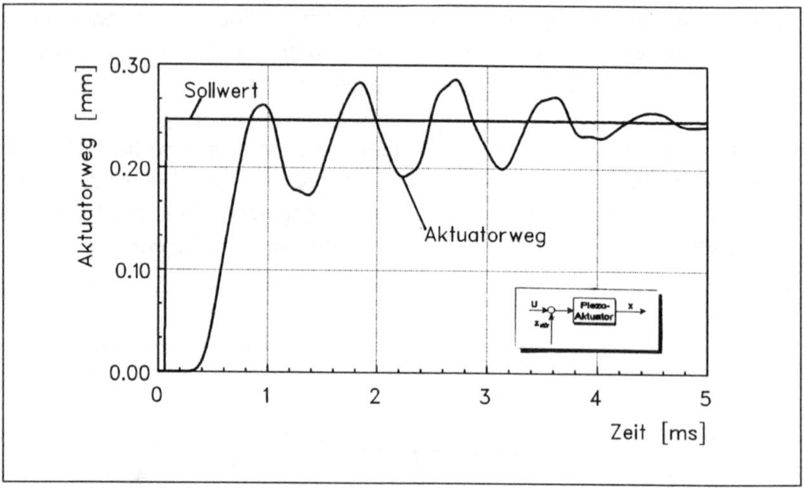

Bild 6-23 : Sprungantwort des mechanischen Piezoaktuators.

Die sehr starke, experimentell ermittelte Hysterese (*Bild 6-24*) hat ihre Ursprünge nicht nur in der Hysterese des Piezotranslators, sondern auch in externer Reibung.

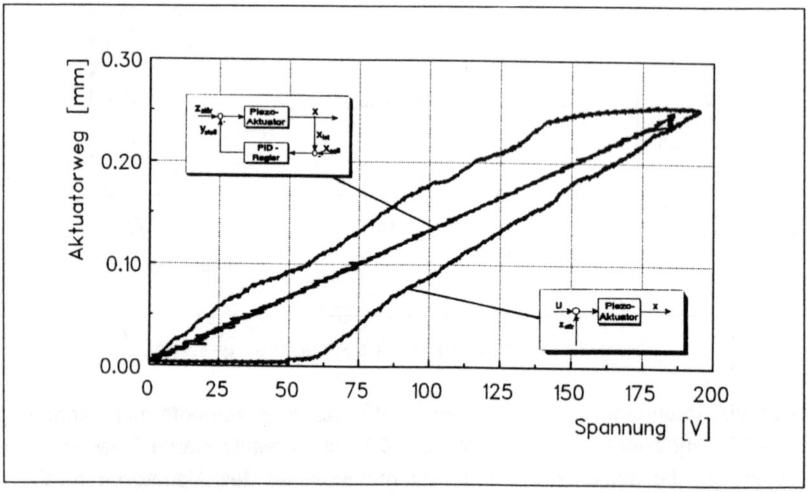

Bild 6-24 : Hystereseerscheinungen am Piezoaktuator.

Diese Reibung entsteht in der Kontaktzone zwischen dem Piezotranslator und dem Balken. Wenn man den Aktuator in einem Lageregelkreis betreibt, kann diese Hysterese überwunden werden. Es ergibt sich ein linearer hysteresefreier Stellwegverlauf des Aktuators.

7 Hydraulisches Piezo-Servoventil

Parallel zur Entwicklung des hochdynamischen Piezoaktuators zur direkten Ansteuerung fluidtechnischer Ventile, wurde auch ein strömungskraft-kompensierte hydraulisches Servoventil der Nenngröße NG 6 aufgebaut. Um mit dem hochdynamischen direktbetätigten Servoventil auch höhere hydraulische Leistungen steuern zu können, ist der Aufbau des Ventils in enger Verbindung mit der Entwicklung des hochdynamischen Piezoaktuators mit hydraulischer Weg-übersetzung durchgeführt worden. Das Foto des aufgebauten Piezo-Servoventils NG 6 ist in *Bild 7-1* dargestellt /H4/.

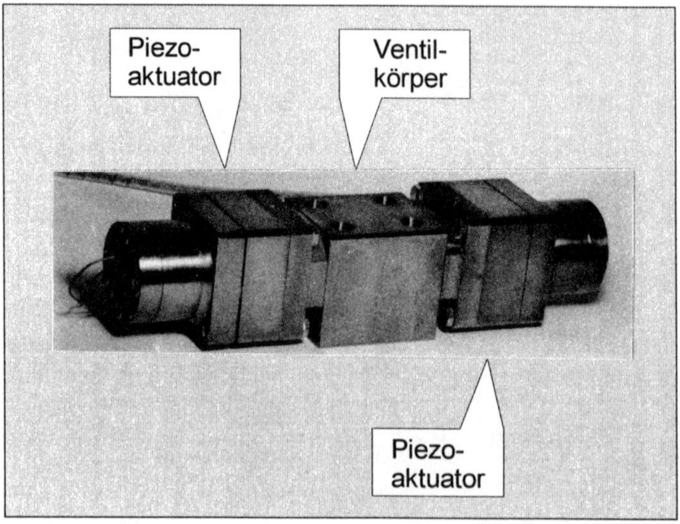

Bild 7-1 : Hochdynamisches Piezo-Servoventil NG 6.

Das Ventil wird von zwei Piezoaktuatoren angesteuert. Bezüglich der Kompensation der thermischen Dehnungen des Öls in der Verstärkerkammer des Piezoaktuators ermöglicht die gegenüberstehende Anordnung zweier Piezoaktuatoren mit hydraulischer Wegübersetzung eine konstante Stellgenaugkeit des Ventils über den gesamten Temperatureinsatzbereich von *-20* bis *+80 °C* (siehe Kapitel 5.4).

Die experimentellen Ergebnisse der statischen und dynamischen Eigenschaften des entwickelten Piezoaktuators mit hydraulischem Wegübersetzer zeigen, daß mit den erzielten Stellwegen (bis *1,6 mm*) die Ansteuerung des Servoventils und damit auch der hohen hydraulischen Leistungen ermoglicht wird. Allerdings verringert sich mit der *30-fachen* Vergrößerung des Stellweges des Piezotranslators mit Hilfe des Wegübersetzers gleichzeitig die Stellkraft des ganzen Piezoaktuators im umgekehrten Verhältnis. Das hat zur Folge, daß die Vorteile des gesamten Piezoaktuators mit hydraulischer Wegübersetzung (hohe Dynamik, große Stellwege) nur dann effektiv genutzt werden können, wenn die Strömungswiderstände des Ventils bezüglich der auftretenden Strömungskräfte minimiert werden.

7.1 Kompensation der Strömungskräfte

Maßnahmen zur Kompensation der Strömungskräfte in hydraulischen Schieberventilen wurden in den 50er Jahren von mehreren Autoren untersucht /B8, C1, B9/. Eine erste Einteilung der vorgeschlagenen Verfahren nahm Backé /B10/ vor. Er unterschied die Kompensationsmaßnahmen nach folgenden Kriterien:

- Abbau der Axialkraft durch Beeinflussung des Strahlwinkels,
- Kompensation der Axialkraft durch Erzeugung eines Druckabfalls im Ventil,
- Kompensation der Strömungskräfte durch Umlenkung des Ölstrahls.

Die Kompensation der Strömungskräfte durch Umlenkung des Ölstrahls an hydraulischen Längsschieberventilen wurde in den letzten Jahren näher untersucht /F1, L3/. Auf diesen Untersuchungen beruht auch der Aufbau des oben gezeigten, strömungskraftkompensierten hydraulischen NG 6 Ventils.

Kräfte am Vetilschieber

In einem hydraulischen Ventil wirken den Betätigungskräften die Störkräfte entgegen. Sie setzen sich aus Strömungs-, Reibungs-, Druck- und Massenkräften zusammen (*Bild 7-2*).

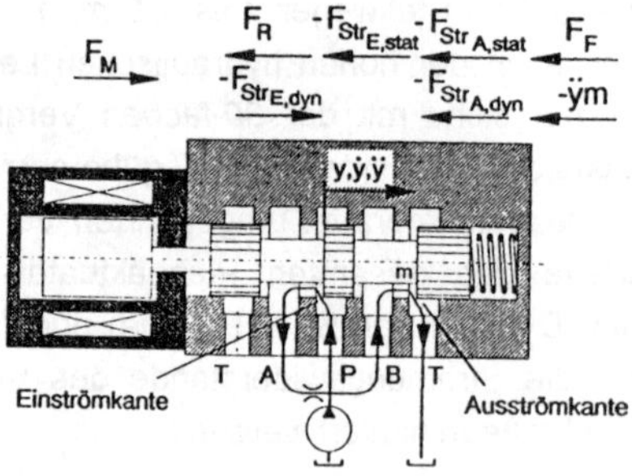

Bild 7-2 : Kräfte am Ventilschieber (4-Kammer-Bauart).

Für den Aufbau des Ventils wird wegen der Vorteile bezüglich der Kompensationsmethode durch Umlenkung des Ölstrahls von den zwei wichtigsten Konstruktionsprinzipien (4-Kammer- und 5-Kammer-Bauart) die 4-Kammer-Bauart ausgewählt.

Die Reibungskräfte am Ventilschieber setzen sich aus einem durch eine Querkraft erzeugten Coulomb'schen Reibkraftanteil und aus der bei der Bewegung entstehenden Flüssigkeitsreibung zusammen /E1, T3/. Die Coulomb'schen Reibkräfte sind möglichst zu vermeiden, da sie die Umkehrspanne des Ventils verursachen und einen erhöhten Kraftbedarf erfordern. Als zuverlässige Gegenmaßnahme haben sich Druckentlastungsnuten am Ventilschieber bewährt /L2/. Die Newton'sche Reibkraft wirkt dämpfend und trägt zur Stabilisierung des Ventilverhaltens bei. Um die Störkräfte am Ventilschieber zu reduzieren, sind die stationären Strömungskräfte jedoch wichtiger als die dynamischen Reaktionskräfte, zu denen auch die Massenträgheitskraft des Schiebers zählt /F1/.

Strömungskräfte

Unter Strömungskräften versteht man die durch Richtungs- und/oder Geschwindigkeitsänderung des Flüssigkeitsstromes verursachten Kräfte, die zur Aufrechterhaltug des Gleichgewichtszustandes äußere Reaktionskräfte erfordern. In hydraulischen Ventilen treten diese Kräfte besonders stark in Erscheinung, da hier hohe Druckdifferenzen vorliegen und die Umlenkungen bei hohen Strömungsgeschwindigkeiten erfolgen. Dabei wird als Widerstandskraft F_W /W3/ die durch einen Druckverlust verursachte Differenz der Druckkräfte am Schieber bezeichnet.

$$F_W = \Delta p_V \cdot A_S \tag{7.1}$$

Dabei bedeutet A_S die Ringfläche des Steuerschiebers und Δp den Druckverlust. Die Widerstandskraft wirkt immer in axialer Richtung und immer entgegen der Strömungsrichtung. Mit einem Druckabfall kann deswegen eine Reduzierung der Axialkraft erreicht werden.

Mit der Kompensationsmethode durch Umlenkung des Ölstrahls werden die Impulskräfte der Ölströmung durch Impulskräfte, die durch eine geeignete umgelenkte Strömung entgegengesetzt auf den Schieber gerichtet werden, reduziert bzw. kompensiert. Eine der ersten Maßnahmen, die dieser Methode zugrunde liegen, wurde von /B8/ untersucht (*Bild 7-3*).

Hierbei wird versucht, den axial austretenden Impuls größer als den axial eintretenden Impuls zu machen. Dadurch kann eine negative Strömungskraft erzeugt werden, welche im Verbund mit einer herkömmlichen Ausströmkante mit positiver Strömungskraft zu einem vollständigen Ausgleich der Kräfte führen kann. Die Strömungskraftkompensation wird allerdings durch fertigungstechnische Ungenauigkeiten, wie Radialspiel und Kantenabrundung, beeinflußt. Diese bewirken vor allem bei kleinen Schieberöffnungen eine positive Schieberkraft. Der Einfluß des Radialspiels C_r und der Kantenabrundung r ist im Verlauf der Strömungskraft über der Schieberöffnung (C_r und r sind Parameter) aufgetragen.

Das *Bild 7-3* zeigt die Geometrie von Steuerschieber und Hülse für die Einströmkante. Bei Vernachlässigung der Reibung ergibt sich für die Strömungskraft

$$F_{ax} = Q \cdot v \cdot \rho \cdot (\cos \theta_1 - \cos \theta_2) \tag{7.2}$$

Dies bedeutet, daß durch die Beeinflussung des Winkels θ_2 die Strömungskraft negative Werte annehmen kann. Durch die spezielle Formgebung der Hülse wird zusätzlich ein Wirbel erzeugt, wodurch ein Teil der Flüssigkeit wieder einen Impuls auf den Schieber ausübt und die negative Strömungskraft noch vergrößert.

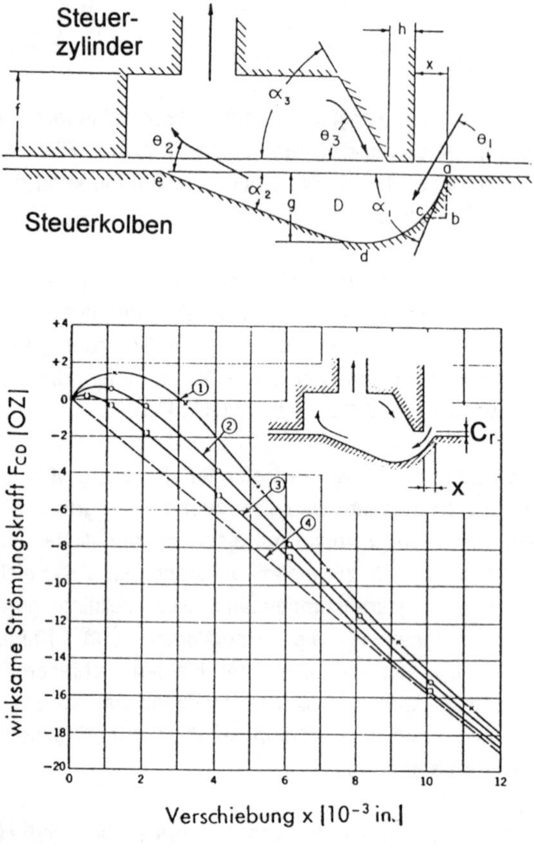

Kurve	1	2	3	4 (theoretisch)
Radialspiel C_r [in.]	0,0006	0,0006	0,0004	0
Kantenradius r [in.]	0,0003	0	0	0

Bild 7-3 : Strömungskraftkompensation durch Strahlumlenkung /B8/.

Strömungskraft an einem unkompensierten Steuerschieber

In *Bild 7-4* wird der schematische Aufbau der unkompensierten Ein- und Ausströmkante eines hydraulischen Ventils mit Steuerschieber und Hülse dargestellt.

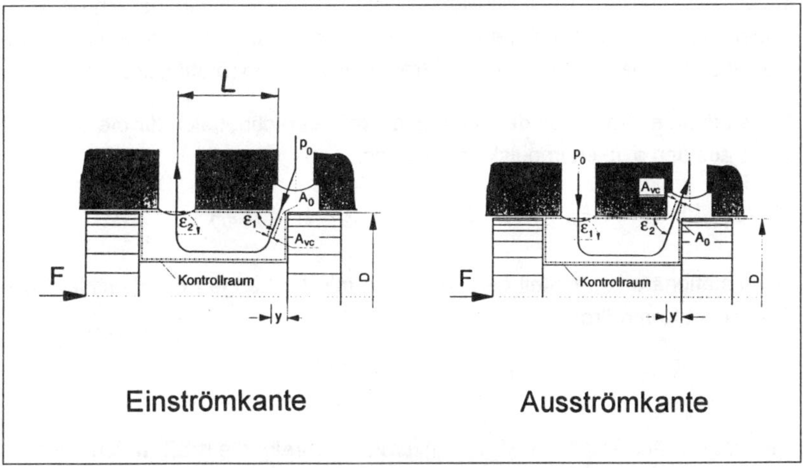

Bild 7-4 : Strömungskraft am Steuerschieber /F1/.

Aufgrund des erhöhten Druckpotentials vor der Steuerkante und des variablen Querschnitts der Blende ist die Strömungsgeschwindigkeit an dieser Stelle immer größer als an dem relativ großem Austrittsquerschnitt. Hieraus ergibt sich nach Bernoulli ein Bereich niedrigen Druckes. Bezieht man die Druckverläufe auf die Ringfläche des Steuerschiebers, so ergibt sich eine resultierende Kraft, welche in schließender Richtung wirkt.

Der Eintrittswinkel der Einströmkante hängt von der Kantenrundung und vom Radialspiel ab und beträgt bei idealen Bedingungen (Spiel und Abrundungsradius = 0) ε_1 = 69 °. Dabei muß die Ventilöffnung *y* viel kleiner als die übrigen Abmessungen der stromaufwärts gelegenen Kammer sein. Die Berechnung der Strömungskraft kann bei einigen vereinfachenden Annahmen mit dem Impulssatz sowohl für die Ein- als auch für die Ausströmkante erfolgen. Bezüglich der wirkenden Strömungskräfte liegt ein wichtiger Unterschied zwischen einer Ein- und Ausströmkante darin, daß die Strömung bei einer

Ausströmkante ihre größte Geschwindigkeit und damit ihren größten Impuls außerhalb der Schieberkammer erreicht und somit eine Kompensation durch eine Strahlumlenkung sehr aufwendig ist.

Die Strömungskraft am Steuerschieber kann ermittelt werden, indem man die Impulsänderung des Kontrollvolumens der Schieberkammer berechnet /B11/. Dabei müssen als Annahmen getroffen werden, daß die Strömung inkompressibel, 2-dimensional, verlustfrei (reibungsfrei), und rotationsfrei sei.

Der stationäre Kraftanteil der Strömungskraft berechnet sich für die Einströmkante aus den axialen Impulskomponenten.

$$F_{ax_{stat}} = \rho \cdot Q \cdot (v_2 \cdot \cos \varepsilon_2 - v_1 \cdot \cos \varepsilon_1) \qquad (7.3)$$

Der instationäre Kraftanteil berechnet sich mit der Länge l der beschleunigten Ölsäule im Kontrollraum:

$$F_{ax_{instat}} = -\rho \cdot l \cdot \frac{dQ}{dt} \qquad (7.4)$$

Der instationäre Anteil der Strömungskraft beschreibt die Kraft, welche benötigt wird, um die Flüssigkeitsmasse in der Schieberkammer zu beschleunigen. Das Vorzeichen dieses Anteils ist von der jeweiligen Strömungsrichtung abhängig.

Die mittlere Geschwindigkeit v an einer Strömkante ist von der Öldichte ρ und der Druckdifferenz Δp abhängig:

$$v = \sqrt{\frac{2}{\rho} \cdot \Delta p} \qquad (7.5)$$

Der Volumenstrom Q hängt von dem Ausflußkoeffizienten α_D, dem Öffnungsquerschnitt A_o und von der Strömungsgeschwindigkeit v ab:

$$Q = \alpha_D \cdot A_o \cdot v \qquad (7.6)$$

wobei $A_o = \pi \cdot D \cdot y$ und $\alpha_D = A_{vc} / A_o$ bedeutet.

A_o ... Steuerkantenöffnungsquerschnitt [mm²]
A_{vc} ... Strömungsquerschnitt [mm²]

7.2 Ventilaufbau

Bild 7-5 zeigt eine schematische Darstellung des hydraulischen Ventils NG 6, dem das 4-Kammer-Bauart Konstruktionsprinzip zugrunde liegt.

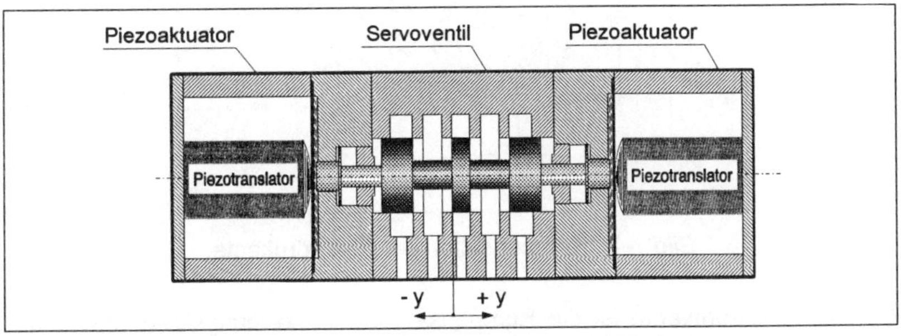

Bild 7-5 : Unkompensierter ventil NG 6.

Mit Hilfe der oben beschriebenen Strömungskraftkompensationsmethode der Umlenkung des Ölstrahls und basierend auf der Vorarbeiten von Feigel /F1/ wurde ein strömungskraftkompensiertes Längsschieber-Hülse NG 6 Ventil aufgebaut. Eine schematische Darstellung des Ventils mit Ansteuerung mittels zweier Piezoaktuatoren mit hydraulischer Wegübersetzung zeigt *Bild 7-6*.

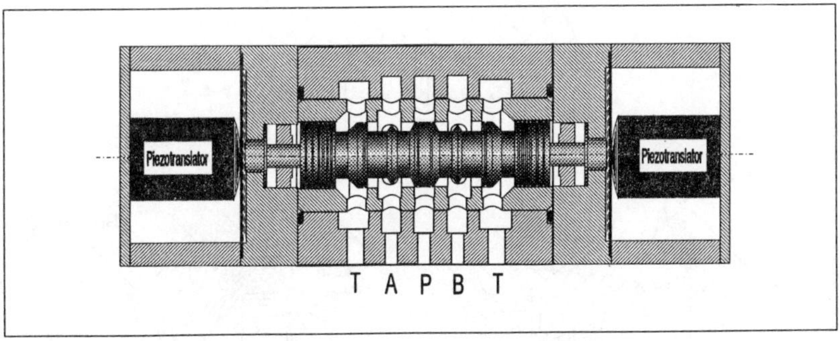

Bild 7-6 : Strömungskraftkompensiertes Ventil NG 6.

Mit einer geeigneten geometrischen Form des Schiebers und der Hülse wurde die Strömungskraft bis zu *90%* reduziert. Die Einströmkanten wurden mit Hilfe der zweidimensionalen Strahlumlenkung kompensiert (*Bild 7-7*).

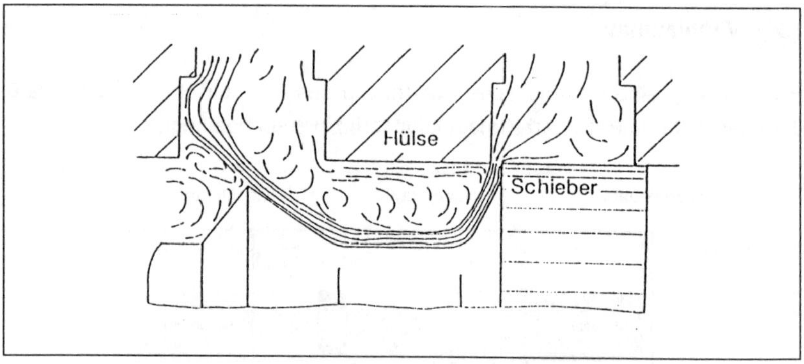

Bild 7-7 : Kompensation der Einströmkante.

Bei der Ausströmkante ist die Kompensation der Strömungskraft wegen des Auftretens des maximalen Impulses außerhalb der Schieberkammer aufwendiger. Zur Kompensation muß hier eine dreidimensionale Strahlumlenkungsmethode verwendet werden *(Bild 7-8)*.

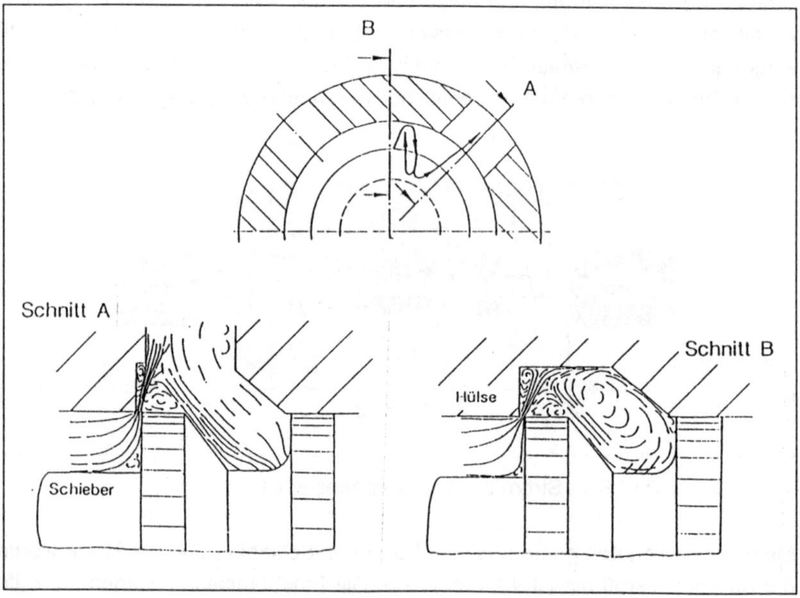

Bild 7-8 : Kompensation der Ausströmkante.

Die Strömung wird hinter der Steuerkante in einer zusätzlichen Wirbelkammer (Schnitt B) aufgenomen und auf den Schieber geführt. Die Impulskraft dieser Umlenkung wirkt in öffnende und damit kompensierende Richtung auf den Ventilschieber. Die Strömung bewegt sich während dieser Umlenkung jedoch auch in Umfangsrichtung des Schiebers, so daß das Fluid nach der Verwirbelung in der Kammer durch die Austrittsbohrungen abströmt (Schnitt A).

7.3 Entwicklung des Wegsensors

Durch das Betreiben des Piezo-Servoventils in einem Regelkreis ist es möglich, die Genauigkeit, Dynamik, Linearität und Steifigkeit des Ventils erheblich zu verbessern. Um das Piezo-Servoventil erfolgreich in einem Lageregelkreis betreiben zu können, ist es notwendig, den Stellweg des Ventilschiebers zu messen. Wegen der gegenüberliegenden Anordnung zweier Piezoaktuatoren und der damit erschwerten Zugänglichkeit ist es kaum möglich den Schieberweg mit den üblicherweise eingesetzten Wegsensoren zu messen. Aus diesem Grund wurde ein neuer Wegsensor entwickelt. Wegen seiner miniaturisierten geometrischen Form ist der Wegsensor in den Piezoaktuator integriert (*Bild 7-9*).

Bild 7-9 : Piezoaktuator mit integriertem Wegsensor.

Der Wegsensor arbeitet nach dem Prinzip der Widerstandsänderung eines Dehnungsmeßstreifens (DMS), der in einer Wheatstone'schen Brückenschaltung verschaltet ist. Die Wheatstone'sche Brücke eignet sich zur Messung kleiner Veränderungen eines elektrischen Widerstandes und damit zur Bestimmung der Widerstandsänderung eines DMS. Der DMS formt die Dehnungen, denen er ausgesetzt wird, in eine proportionale elektrische Widerstandsänderung um. Der Zusammenhang zwischen der erzeugenden Dehnung ε ($\varepsilon = \Delta L / L_0$) und der relativen elektrischen Wiederstandsänderung eines DMS beschreibt folgende Gleichung /H5/:

$$\frac{\Delta R}{R_0} = k \cdot \varepsilon \qquad (7.8)$$

Der Proportionalitätsfaktor *k* (bekannt als "k-Faktor") ist eine experimentell ermittelte Kenngröße des vewendeten DMS. Der Wegsensor ist aus einem Biegeplättchen (Biegefeder) aufgebaut, auf dem zwei DMS geklebt und in einer Halbbrücke verschaltet sind (*Bild 7-10*).

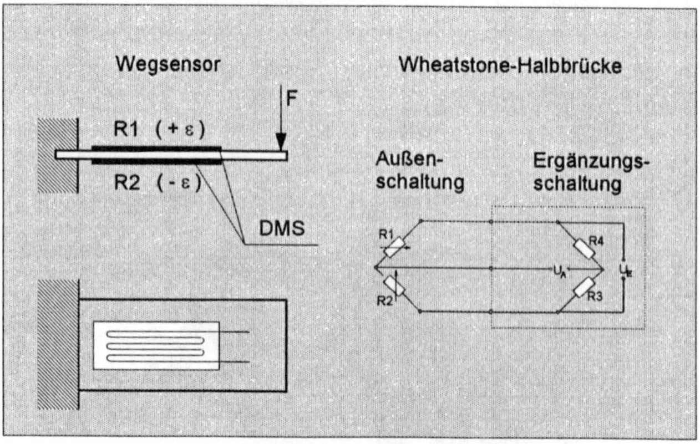

Bild 7-10 : Wegsensor - schematisch.

Aus der tatsächlichen Dehnung des DMS kann das Brückensignal U_A / U_E für die Halbbrücke berechnet werden /H5/:

$$\frac{U_A}{U_E} = \frac{k}{2} \cdot \varepsilon \qquad (7.9)$$

Bei der Entwicklung des Wegsensors ist der Bestimmung der geometrischen Form der Biegeplättchen große Aufmerksamkeit geschenkt worden. Mit der Modalanalyse der FEM wurden die Plättchen so optimiert, daß mit einer kleinstmöglichen Steifigkeit eine hohe Eigenfrequenz (über 3 kHz) erreicht wurde. Mit einem so gebauten Wegsensor ist eine dynamische Messung des Stellweges bis zu Frequenzen von *700 Hz* möglich.

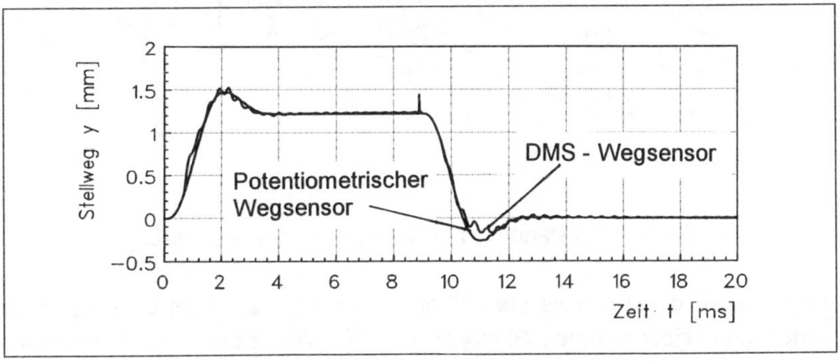

Bild 7-11 : Vergleich der Meßergebisse.

In *Bild 7-11* ist der Vergleich der Meßergebnisse der Sprungantwort des Piezoaktuators dargestellt. Der Stellweg wurde mit dem entwickelten DMS-Wegsensor und einem potentiometrischen Wegsensor *MM10-30* der Fa. Megatron gemessen. Es ist erkennbar, daß beide Wegsensoren gleiche Meßergebnisse liefern. Beim DMS-Wegsensor ist leicht ein Eigenschwingen der Plättchen zu erkennen. Hier ist noch eine Erhöhung der Eigenfrequenz des Sensors erforderlich.

7.4 Prüfstandsaufbau und experimetelle Ergebnisse

7.4.1 Statisches Verhalten

Zur meßtechnischen Ermittlung der Strömungskraft-Schieberweg Verläufe und damit der Strömungskraftkompensationswirkungen für das aufgebaute Ventil wurde ein Prüfstand erstellt, wie er im Schnittbild (*Bild 7-12*) zu sehen ist.

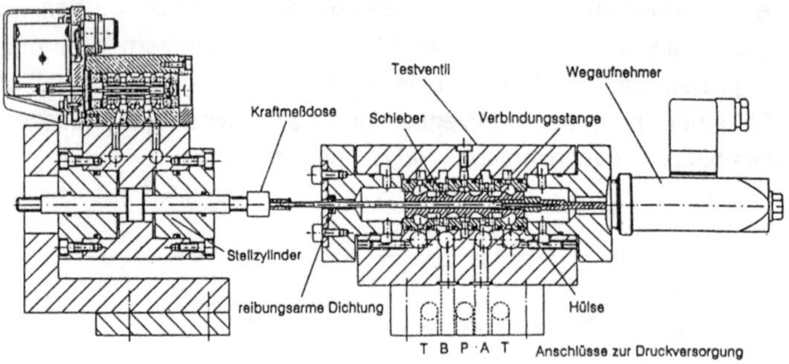

Bild 7-12 : Prüfstandsaufbau zur Strömungskraftmessung.

Die Auslenkung des Ventilschiebers erfolgt mit Hilfe eines im Lageregelkreis betriebenen reibungsarmen Stellzylinders. Zur Vermeidung von Querkräften wird die justierbare Stelleinrichtung über eine lange Verbindungsstange geringen Durchmessers mit dem Schieber verbunden. Für die Abdichtung der Verbindungsstange kommt eine reibungsarme Dichtung zum Einsatz. Um Reibkräfte an der Dichtung völlig zu vermeiden, wird auf eine Dichtung verzichtet.

Mit Hilfe einer Kraftmeßdose (Fa. Rheinmetall, Meßbereich ± *100 N*) werden die Axialkräfte ermittelt. Da der Tankdruck auf die Querschnittsfläche der Verbindungsstange wirkt, entsteht ein geringer Offset, der aber bei den Messungen berücksichtigt wird. Um Meßfehler bei der Schieberwegermittlung zu eliminieren, wird der Wegsensor starr mit dem Schieber verbunden.

Die Wirkung verschiedener Druckdifferenzen auf die axiale Strömungskraft am Schieber des aufgebauten Ventils ist in *Bild 7-13* dargestellt. Die experimentellen Ergebnisse zeigen, daß die Strömungskraft - trotz relativ hoher Druckdifferenzen (~*11 N* bei *210 bar* Druckdifferenz) - sehr niedrige Werte annimmt. Die verwendeten Maßnahmen zur Strömungskraftkompensation führen sogar zu einer leichten Überkompensation, was aber keinen negativen Einfluß auf den Piezoaktuator ausübt, da die Werte der überkompensierten Strömungskraft bei Schieberwegen bis *0,7 mm* niedrig bleiben.

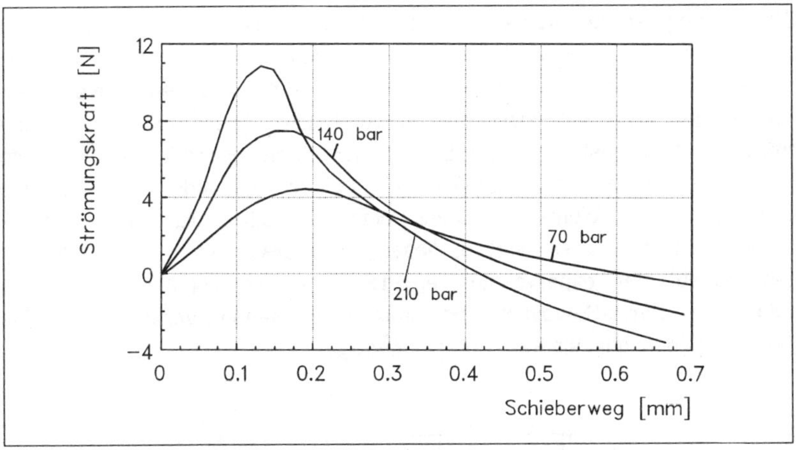

Bild 7-13 : Stationäre Strömungskräfte am Ventilschieber.

Der Verlauf der Strömungskräfte in die entgegengesetzte Ansteuerrichtung des Schiebers ist identisch mit dem in *Bild 7-13.* Nur das Vorzeichen ändert sich.

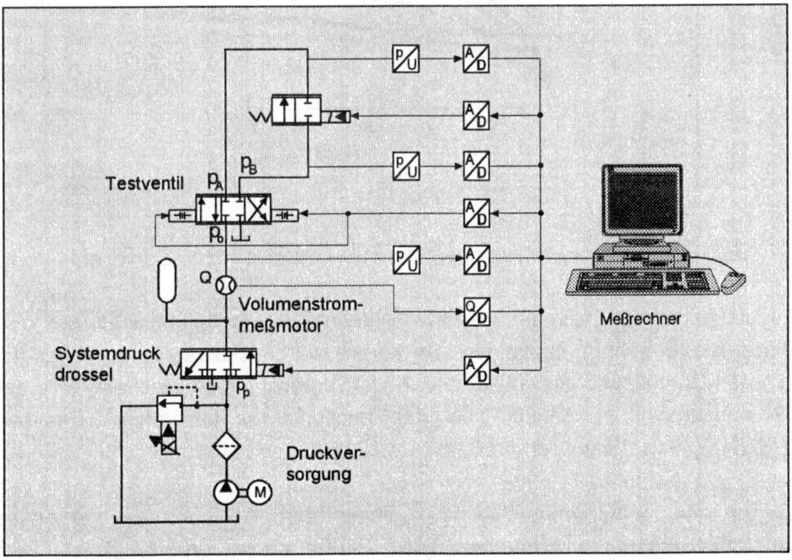

Bild 7-14 : Prüfstand zur Messung des Ventilverhaltens.

Zur Messung des Ventilverhaltens und zur Variation der Betriebsparameter wie Versorgungs- und Lastdruck wurde ein Ventilprüfstand aufgebaut, dessen Hydraulik-Schaltplan in *Bild 7-14* dargestellt ist. Bei einstufigen, konventionellen Ventilen wirkt sich insbesondere bei hohen Versorgungsdrücken und größeren Volumenströmen der Einfluß der Strömungskräfte aus. Da die Strömungskraft der Betätigungskraft entgegengesetzt wirkt, hat dies eine Verringerung des Volumenstroms zur Folge. Mit Maßnahmen zur Strömungskraftkompensation ist es möglich, diesen Effekt zu verringern. *Bild 7-15* zeigt den Verlauf der experimentell ermittelten Ventildurchflußlinien für das aufgebaute Piezo-Servoventil bei kurzgeschlossenen Verbrauchern. Die Betriebsspannung ist als Parameter eingetragen.

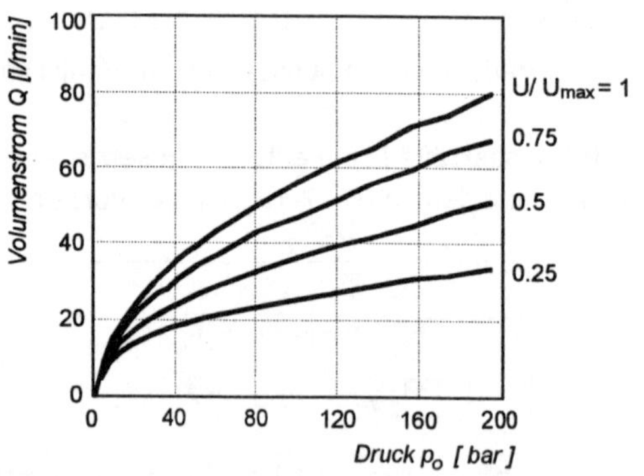

Bild 7-15 : Ventildurchflußcharakteristiken für das Piezo-Servoventil.

Es ist zu sehen, daß die negative Wirkung der Strömungskraft auf den Piezoaktuator sehr gering ist, was am Verlauf der Meßkurven gut zu sehen ist. Um den Durchflußkoeffizient α_D des Piezo-Servoventils zu ermitteln, wird der Volumenstrom in Abhängigkeit von der Druckdifferenz des Ventils gemessen (*Bild 7-16*). Aus der Meßergebnissen ergibt sich $\alpha_D = 0,47$.

Wegen der zusätzlichen Reibung zwischen dem Schieber und der Hülse vergrößert sich die Hysterese (*Bild 7-17*), deren größter Anteil vom Piezotranslator ausgeht. Aus diesem Grund kann das Piezo-Ventil nicht in einer offenen Steuerkette für Positionieraufgaben genutzt werden. Der Stellweg des Schiebers wird nicht genau genug eingehalten. Das Betreiben des Ventils in einem geschlossenen Lageregelkreis ermöglicht aber eine lineare Bewegung des Schiebers mit der erforderlichen Stellgenauigkeit (*Bild 7-17*).

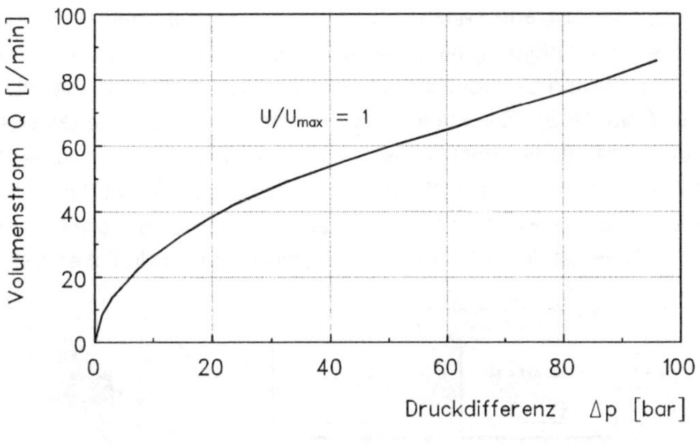

Bild 7-16 : Bestimmung des Durchflußkoeffizienten α_D .

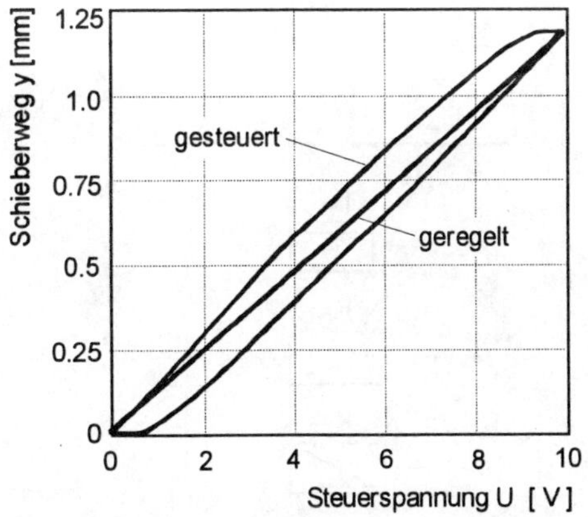

Bild 7-17 : Hysterese des hydraulischen Piezo-Ventils.

7.4.2 Dynamisches Verhalten

Zur Untersuchung dynamischer Eigenschaften des Piezo-Servoventils im Zeitbereich wird eine Sprungfunktion als Testsignal verwendet. Dabei wird das Ventil sowohl in offener Steuerkette als auch im geschlossenen Regelkreis betrieben. Das Prinzip der offenen Steuerkette ist in *Bild 7-18* zu sehen. Um die dynamischen Eigenschaften und die Genauigkeit des Ventils zu verbessern, kann es zudem im geschlossenen Regelkreis betrieben werden. Für die hier dargestellten Untersuchungen wird der Lageregelkreis mit PID-Regler verwendet (*Bild 7-19*). Zur stationären Kompensation der Regelabweichung und um die Dynamik des Ventils zusätzlich zu beeinflußen, wird außerdem die Sollwert-Aufschaltung eingesetzt. Dabei wird aus dem Sollwertverlauf ein zusätzliches Signal generiert, das direkt auf das Ventil geschaltet wird. Ein typisches Beispiel ist die Aufschaltung der Sollwertgeschwindigkeit (*Bild 7-20*).

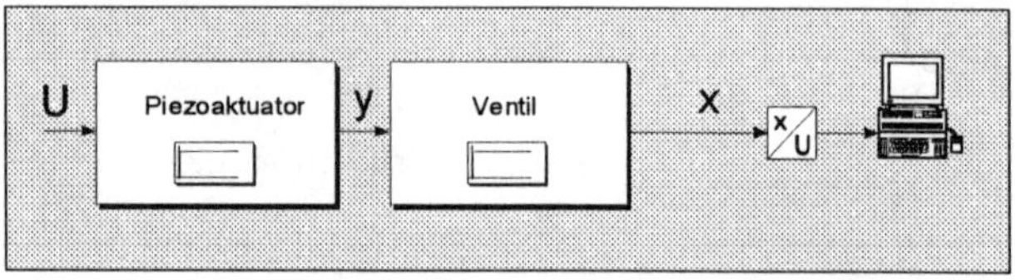

Bild 7-18 : Offene Steuerkette.

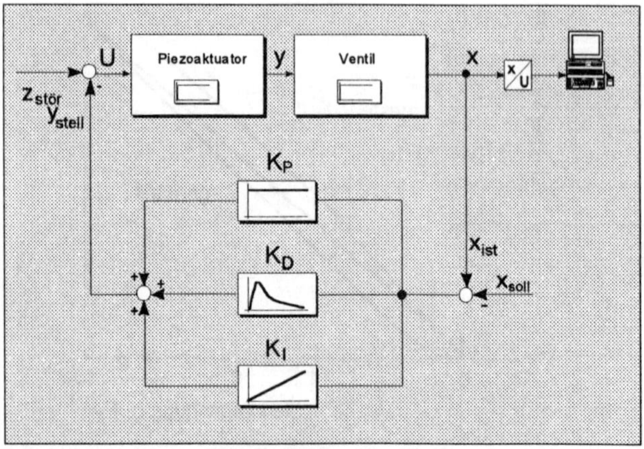

Bild 7-19 : Lageregelkreis mit PID-Regler.

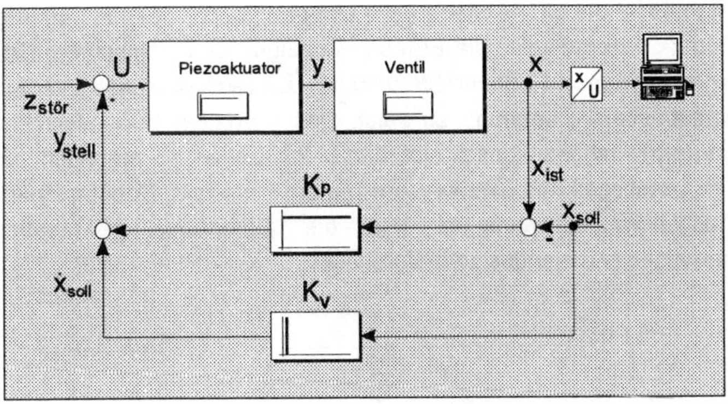

Bild 7-20 : Aufschaltung der Sollwertgeschwindigkeit.

In *Bild 7-21* sind die Sprungantworten des Piezo-Servoventils in offener Steuerkette und des geschlossenen Lageregelkreises (PID-Regler) auf eine sprungförmige Änderung des Eingangssignals um *10 %* dargestellt. Es sind sehr kurze Antwortzeiten des Ventils zu erkennen, insbesondere wenn es im Regelkreis betrieben wird.

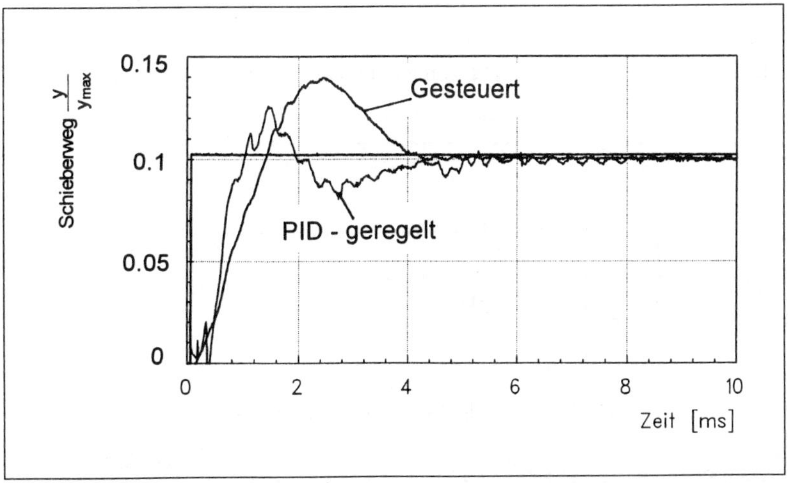

Bild 7-21 : Sprungantwort des Ventils mit einer Signalamplitude von 10 %.

Der Vergleich der gemessenen Sprungantworten bei *100 %* Amplitude des Eingangssignals für die offene Steuerkette und den geschlossenen Lageregelkreis ist in *Bild 7-22* dargestellt. Die Ergebnisse zeigen eine schlechtere Dämpfung des Schieberweges in offener Steuerkette, während der geregelte Schieberweg eine bessere Dämpfung aufweist. Das Verhalten bei Aufschaltung der Sollwertgeschwindigkeit beschreibt *Bild 7-23*. Es ist zu erkennen, daß das Ventil im Lageregelkreis eine bessere Dynamik erreicht. Ebenfalls haben sich die Ausgleichsgeschwindigkeit und die Dämpfungseigenschaften des Schieberweges (Ausgangssignal) verbessert.

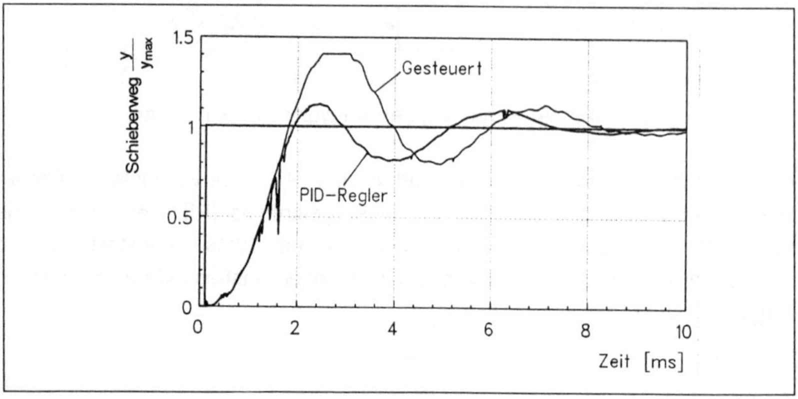

Bild 7-22 : Sprungantwort des Ventils bei einer Signalamplitude von *100 %*.

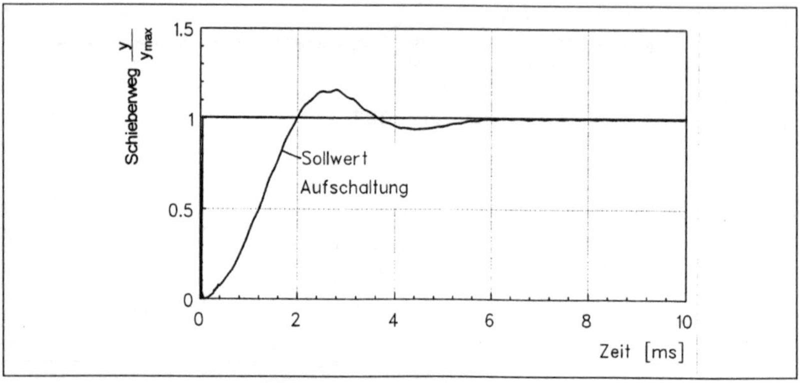

Bild 7-23 : Sprungantwort bei Sollwertaufschaltung.

Bild 7-24 zeigt die Sprungantwort des Ventils unter Druckbelastung. Eine Vollöffnung des Ventils bei einem Versorgungsdruck von *200 bar* erfolgt in etwa *1,5 ms*. Dementsprechend ist auch der Druckanstieg, gemessen unmittelbar am blockierten Ventilausgang, sehr kurz.

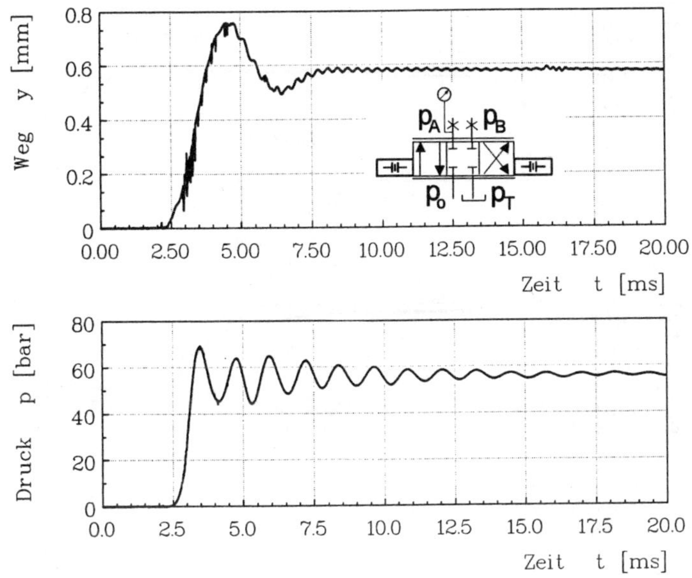

Bild 7-24 : Sprungantwort des Ventils unter Druckbelastung.

Zur Untersuchung dynamischer Eigenschaften des Piezo-Servoventils im Frequenzbereich wird ebenfalls die Sprungfunktion als Testsignal verwendet. Mit Hilfe der FFT (Fast Fourier Transformation) wurden dann der Frequenzganfg des Ventils berechnet. Dabei wird das Ventil sowohl in offener Steuerkette als auch im geschlossenen Regelkreis betrieben und die Meßergebnisse miteinander verglichen. *Bild 7-25* zeigt den Frequenzgang des aufgebauten hydraulischen Piezo-Servoventils für eine Eingangsamplitude von

± *10 %*. Die Meßergebnisse zeigen, daß das Ventil hervorragende dynamische Eigenschaften besitzt. Im geschlossenen Lageregelkreis erreicht die *-3 dB* Frequenz Werte von *700 Hz*. Dabei wird die -90 Grad Frequenz etwas größer als 400 Hz.

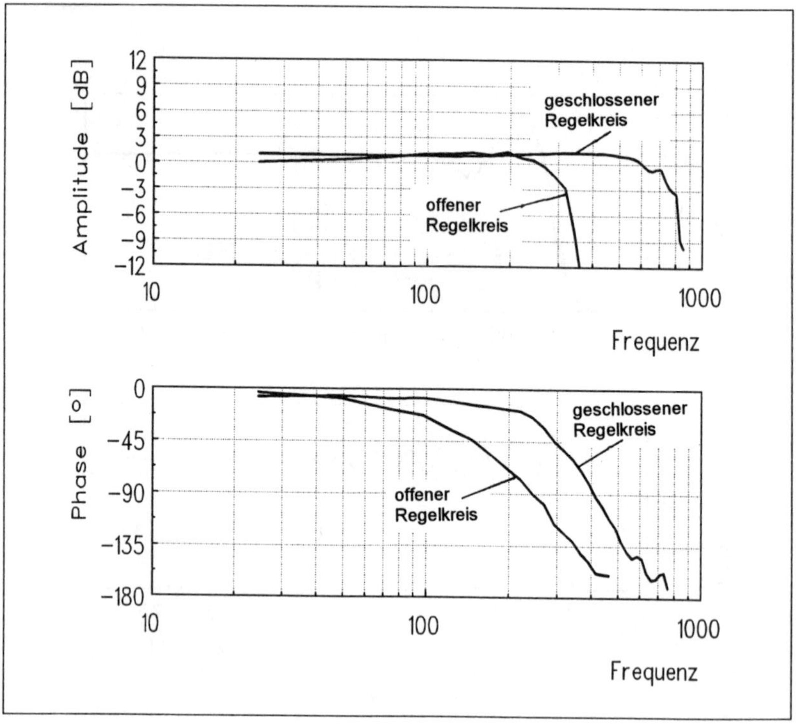

Bild 7-25 : Frequenzgang des Ventils bei ± 10 % Amplitude.

8 Zusammenfassung

Hochdynamische fluidtechnische Ventile gewinnen zunehmend an Bedeutung (z.B. im Werkzeug- und Prüfmaschinenbau, bei Flug- und Fahrsimulatoren etc.). Besonders die Entwicklung direktgesteuerter hydraulischer Ventile für die hochdynamische Steuerung hoher hydraulischer Leistungen gehört in der letzten Zeit zu den wichtigen Aufgaben der Fluidtechnik. Eine konstruktive Verbesserung und Weiterentwicklung der Ventile ist trotz der erheblich erweiterten Möglichkeiten der Systemtechnik auch weiterhin notwendig.

Um eine Verbesserung der dynamischen Übertragungsverhalten fluidtechnischer Ventile zu erzielen, kommt neben der Weiteroptimierung klassischer Wandlerprinzipien vor allem der Entwicklung neuer Aktuatorprinzipien eine große Bedeutung zu. Neue Technologien, sowohl auf den Gebieten der piezokeramischen und magnetostriktiven Materialien als auch auf dem Gebiet der elektro-rheologischen Flüßigkeiten, ermöglichen die Entwicklung alternativen hochdynamischen Aktuatorbauarten.

Mit piezoelektrischen Aktuatoren können sowohl analog gesteuerte, kontinuirliche Längenänderungen als auch hochdynamische mechanische Schaltvorgänge realisiert werden. Die der elektrischen Ladung proportionale Längenänderung eines Piezoaktuators ermöglicht präzise, ruckfreie Positionsänderungen im *nm-Bereich.* Außerdem benötigt der Piezoaktuator keine Verschleißteile zur Realisierung der linearen Bewegung, da seine Dehnung auf einer reinen Festkörperverformung beruht. Daraus resultiert eine lange Lebensdauer dieser Aktuatoren. Weitere entscheidende Vorteile piezoelektrischer Aktuatoren sind hohe erreichbare Kräfte bei der relativ geringen Baugröße und ein hoher Wirkungsgrad bei der Energieumsetzung. Da beim Piezoeffekt die elektrische Energie direkt in eine lineare Bewegung umgesetzt wird, nimmt der Aktuator nur während des Ausdehnungsvorgangs elektrische Energie auf. Durch den Einsatz einer geeigneten Leistungselektronik, können über 95% der elektrischen Energie zurückgewonnen werden.

Den oben genannten Vorteilen der piezoelektrischen Aktuatoren stehen auch eine Reihe von Nachteilen entgegen (kurze Stellwege, große Hysterese, Drift, Erwärmung bei hoher Dynamik, etc.). Den Einsatz des Piezoaktuators als Betätigungselement in fluidtechnischen Ventilen erschwert besonders sein sehr niedriges Ausdehnungspotential (die Ausdehnung des Piezoaktuators beträgt maximal *1,7 ‰* seiner Baulänge).

Die Ausnutzung der eigentlichen Stärken des Piezoaktuators zur direkten Ansteuerung eines hydraulischen Servoventils bei gleichzeiteiger Kompensation seiner Schwächen stellt einen wesentlichen Schwerpunkt der Vorliegenden Arbeit dar. Entwickelt wurde in diesem Rahmen ein Hybridaktuator d.h. die Kombination eines piezoelektrischen Stapeltranslators mit einem Wegübersetzer zur Vergrößerung des Piezotranslatorweges. Es wurden sowohl hydraulische als auch mechanische Prinzipien der Wegübersetzung Untersucht.

Besondere Aufmerksamkeit wurde der Entwicklung des hydraulischen Wegverstärkers gewidmet. Um Ölleckagen des hydraulischen Wegübersetzers zu vermeiden, die zu einer Beeinträchtigung des Übertragungsverhaltens führen würden, wurde ein hermetisch abgeschlossenes Ölvolumen verwendet. Dabei wurden umfangreiche Optimierungen der Eigenschaften der Metallmembran mit Hilfe der Finite-Elementen-Methode (FEM) ausgeführt. Die Temperaturabhängige Expansion des Ölvolumens und des Piezotranslators wurde vollständig kompensiert.

Die erreichbaren Stellwege des hybriden Piezoaktuators (> ± 0,6 mm) ermöglichen eine effektive Betätigung eines hydraulischen Servoventils der Nenngröße NG 6, das ebenfalls im Rahmen der vorliegenden Arbeit aufgebaut wurde. Dabei lag der Schwerpunkt der Ventiloptimierung auf der Reduzierung der axialen Strömungskräfte. Mit Hilfe der Kompensationsmethode der Strahlumlenkung wurde die Strömungskraft im Ventil um etwa 90% reduziert. Diese Maßnahmen haben eine effektive Ausnutzung der dynamischen und statischen Eigenschaften des Piezotranslators ermöglicht.

Die Ergebnisse zeigen, daß der Piezoaktuator eine geeignete Vorrichtung zur Steuerung schaltender und besonders stetiger fluidtechnischer Ventile darstellt. Es wurde gezeigt, daß ein Niedervolt Piezotranslator als Stellelement für einen hochdynamischen Aktuator genutzt werden kann, insbesondere, wenn dieser mit einem hydraulischen Wegübersetzer kombiniert wird.

9 Literaturverzeichnis

/A1/ Adomeit, G. — Mechanik für Ingenieure, Band 2, Festigkeitslehre, RWTH Aachen, 1988.

/B1/ Backé, W. — Technische Trends der Fluidtechnik, O+P "Ölhydraulik und Pneumatik" 38 1994, Nr. 11-12.

/B2/ Backé, W. — Grundlagen und Entwicklungstendenzen in der Ventiltechnik, 9. Aachener Fluidtechnisches Kolloquium, 1990.

/B3/ Backé, W. — Grundlagen der Ölhydraulik, Umdruck zur Vorlesung, 8. Auflage (1992).

/B4/ Backé, W. — Servohydraulik, Umdruck zur Vorlesung, 6. Auflage, 1992.

/B5/ Backé, W. — Steuerungs und Schaltungstechnik II, Umdruck zur Vorlesung, 4. Auflage 1993.

/B6/ Brand, S.; Laux, Th. — Einsatzmöglichkeiten und Bereiche von piezokeramischen Aktoren, Technologistudien und Marktprognosen zur Mikrosystemtechnik, Band 1, VDI/VDE Technologiezentrum Informationstechnik, Berlin 1990.

/B7/ Bergman, L.; Schaeffer, Cl. — Lehrbuch der Experimentalphysik, Band II , Elektrizitätslehre, 5. Auflage, Berlin,1966.

/B8/ Blackburn, J. F.; Lee, S. Y. — Contribution Hydraulic Control, Steady-Sate Axial Forces on Control-Valve Pistons, ASME,1952.

/B9/ Beackon, T.E. — Hydrodynamic Forces on Hydraulik Piston Valves, Engineering, Nov. 1957.

/B10/ Backé, W. — Möglichkeiten zur Kompensation von Reaktionskräften an Steuerelementen hydraulischer Kreisläufe, Industrie-Anzeiger, Febr. 1961.

/B11/ Blackburn, J. F. — Fluid power Control, M. I. T. Press, 1960.

/C1/ Clark, R.N. — Conpensation of Steady-state Flow Forces in Spool Type Hydraulik Valves, ASME, 1957.

/D1/	Beitz, W. Küttnes, K.- H.	DUBBEL-Taschenbuch für Maschinenbau, 17. Auflage, Springer Verlag, 1990.
/E1/	Engel, H.- J.	Reibung zwischen Schieberkolben und Buchse, O+P "Olhydraulik und Pneumatik" (1976), Nr. 11.
/F1/	Feigel, H.-J.	Strömungskraftkompensation in direktgesteuerten elektrohydraulischen Stetigventilen, Dissertation, RWTH Aachen, 1992.
/F2/	Findeisen, D. +F.	Ölhydraulik Handbuch für hydrostatische Leistungsübertragung in der Fluidtechnik, 1994.
/F3/	Föllinger, O.	Regelungstechnik, 6.Auflage, Hütig Buch Verlag, Heidelberg, 1990.
/G1/	Georgiadis, S.	Beitrag zur Berechnung der Beanspruchung kreisrunde Metallmembranen mit großen Auslenkung, Dissertation, TFH Erlangen, 1988.
/H1/	Holzbock, G.	Elektromagnetische Stellglieder für Servoventile, O+P "Ölhydraulik und Pneumatik" 21 (1977) Nr. 8.
/H2/	Hochleitner, H.	Scahlt- bzw. Vorsteuerstufe mit Translatorantrieb, O+P "Ölhydraulik und Pneumatik", 37, (1993), Nr. 5.
/H3/	Herakovic, N.	A Prototype of a high dynamical Piezo Actuator for Fluid Power Valves, ACTUATOR 94, June 15. -17., Bremen, 1994.
/H4/	Herakovic, N.	Piezoaktorbetätigung für ein einstufiges hochdynamisches Servoventil, O+P "Ölhydraulik und Pneumatik", 39 (1995) Nr. 8.
/H5/	Hoffman, K.	Anwendung der Wheatstone Brückenschaltung, Hottingen Baldwin Messtechnik.
/J1/	Janocha, H.	Aktoren, Grundlagen und Anwendungen, Springer Verlag, 1992.
/J2/	Janocha, H.	Neue Aktoren, ACTUATOR 90, Bremen, 1990
/J3/	Jendritza, D. J.,	Piezoaktoren - schnell und präzise, Teil I,II,III, Elektronik 7/8/9, Franzis Verlag, 1992.

/K1/	Kolvenbach, H.	Elektrisch betätigte stetige Pneumatikventile - systematischer Überblick existierenden und Entwicklung neuer Funktionskonzepte, Dissertation, RWTH Aachen, 1987.
/K2/	Kallenbach , E.	Elektromagnetic Microactuators, Actuator 1990, Bremen, 1990.
/L1/	Laumen, H.-J.	Untersuchungen an einem piezoelektrisch beschriebenen Pumpe-Düse-System, Dissertation, RWTH Aachen, 1991.
/L2/	Lee, C. Park, T.	Querkräfte an hydraulischen Ventilen mit mehreren Umfangsnuten , O+P "Ölhydraulik und Pneumatik" (1990), Nr. 4.
/L3/	Latour, C.	Entwicklung und Untersuchung strömungskraft-reduzierender Maßnahmen in 2-Wege-Einbauventilen, O+P "Ölhydraulik und Pneumatik" 38 (1994) Nr. 1-2.
/M1/	Matten , N., Ohmenhäuser, M.	Stetigwirkendes Wegeventil mit piezoaktorischem Stellelement, O+P "Ölhydraulik und Pneumatik" 38 (1994), Nr. 6.
/M2/	N. N.	Moog Katalog (Servoventile).
/N1/	Neuhaus, R.	Elektropneumatische Servoventile und ihre biomedizinische und industrielle Anwendung, Dissertation RWTH Aachen, 1981.
/N2/	Newcomb, C. V.	Piezoelectric Fuel Metering Valves,Second International Conference on Automotive Electronics, London, 1979.
/N3/	Nothdurft, H.	Eigenschaften von Metallbälgen, Samson Apparatebau A. G., Frankfurt / Main, Sonderdruck aus "Regelungstechnik", 5. Jahrg, 1957, Heft 10.
/O1/	Okuchi, H.	High-speed electro-hydraulic servovalves using electrostrictive ceramic PMN Actuators, Fluid Control and Measurement,Oxford, New York, Pergamon 1986, pp. 157-162.
/P1/	N. N.	Physik Instrumente (PI)-Katalog.

/P2/ N. N. Piezoxide (PXE), Eigenschaften und Anwendungen, Valvo, Philips, 1. Auflage, Juli 1988.

/R1/ Rake, H. Regelungstechnik, 9. Auflage, RWTH Aachen, 1985.

/S1/ Spyrakos, C. C. Finite Element Modeling in Engineering Practice, West Virginia University Press, 1994.

/S2/ SIMHA Benutzerhandbuch, IFAS.

/T1/ Takakashi, S. Multilayer piezo-ceramic actuators and their applications, Ferroelectric Ceramics, Monte Verita, Birkhäuser Verlag, Basel.

/T2/ Timoschenko, S. Woinowsky-Krieger,S. Theory of Plates and Schells, Second Edition, McGraw-Hill Company, Tokyo, 1959.

/T3/ Tatar, H. Störkräfte bei elektromagnetisch betätigten Wegeventilen, Dissertation RWTH Aachen, 1974.

/V1/ N. N. Vickers Katalog.

/W1/ Wennmacher, G. Yamada, H. Prototyp eines dynamischen Schnellschaltventiles mit piezoelektrischer Ansteuerung, O+P "Ölhydrulik und Pneumatic" 37 (1993), Nr.10.

/W2/ Witte, K. Antriebe für einstufige elektrohydraulische Servoventile, Dissertation, TU Braunschweig, 1988.

/W3/ Wanner, K. Messung und Untersuchung der axialen Kräfte an ölhydraulischen Steuerschiebern, Dissertation, TH Stutgart, 1965.

/W4/ Wolf, C. Elektrorheologische Flüssigkeiten - neue Möglichkeiten in der Hydraulik , O+P "Ölhydraulik und Pneumatik" 38 (1994) Nr. 5.

Lebenslauf

Persönliches:

Name:	Niko Herakovič
Geburtsdatum:	10. November 1963
Geburtsort:	Brežice, Slowenien
Eltern:	Stanko Herakovič und Pavla Herakovič geb. Vovk
Familienstand:	ledig

Schulbildung:

1970 - 1978	Grundschule Bizeljsko, Slowenien
1978 - 1982	Gymnasium Brežice, Slowenien

Wehrdienst:

Okt. 1982 - Sept. 1983	Artillerieregiment Ćuprija, Yu

Praktika:

Juli 1986	Laboratorium für Automatisierungstechnik Ljubljana, Slowenien
Juni 1987 - Juli 1987	UNIS TOS Ljubljana, Slowenien

Studium:

Okt. 1983 - März 1988	Maschinenbaustudium an der Universität Ljubljana, Fakultät für Maschinenbau Studienrichtung: Konstruktion und Fertigungstechnik

Berufstätigkeit:

Nov. 1987 - Juli 1988	Konstrukteur in UNIS TOS, Ljubljana, Slowenien
ab Aug. 1988	Wissenschaftlicher Angestellter an der Universität Ljubljana, Fakultät für Maschinenbau Magisterzeugnis vom 11. November 1991
ab Okt. 1992	Gastwissenschaftlicher Mitarbeiter am Institut für fluidtechnische Antriebe und Steuerungen der RWTH Aachen